西安石油大学优秀学术著作出版基金

国家社会科学基金青年项目（11CFX027）

陕西高校人文社会科学青年英才支持计划

信息服务产业背景下的
地质资料版权机制研究

XINXI FUWU CHANYE BEIJING XIA DE
DIZHI ZILIAO BANQUAN JIZHI YANJIU

蒋瑞雪 ◎ 著

人民出版社

序

　　蒋瑞雪博士研究地质资料版权问题已达到专业级水平，也有较深的资历。在攻读博士期间作为主攻方向，博士论文选题为《地质资料版权法律制度研究》，获得西安交通大学优秀博士论文。在读期间申报并承担了国家社会科学基金项目《以地质资料版权为基础的地理信息服务机制研究》的主持人，经深入研究、反复修改，终成正果，并将出版面世。

　　作为蒋瑞雪的博士导师，我指导了其研究全过程，支持其勇于开拓，风险选题，研究社会需求而学界尚且未关注的领域。作为知识产权研究领域的老兵，我了解该问题的真实性、重要性。知识产权界研究选题，存在着习惯性追捧新热点问题的特点，常常是起哄式、运动式地把某类问题"搜刮"一通，随后丢弃，出现表面化、肤浅化的"繁荣"、热闹景象。而地质资料版权问题其实是个老问题，只是因为在中国长期以来与市场脱节未被引起重视，但是其潜在的商业价值在大数据时代将会爆发出巨大能量。这个本来就存在并沉睡在版权领域的重要问题，被作者以超前意识和独到眼光发现并及时予以激活,给予了特别关注,形成了目前的研究成果。

著作从地质资料版权的基本原理、地理信息服务机制的基础作用、地质资料的版权归属、管理与利用和完善地理信息服务机制的支撑体系等方面进行了全面、系统论述。该研究成果的鲜明特点是注重了应用性,通过对如何构建以地质资料版权为平台的服务机制展开研究,将版权一般原理和地质资料特殊性相结合,对扩展版权研究对象有明显突破。研究成果对构建地理信息服务机制,推动地理信息产业发展有重要的理论价值和实用价值。

希望作者在该领域持续探索,在新的时代背景下,进一步对地质资料版权的保护、管理、运用和地理信息服务的特征、规律、规范作进一步研究,推动其产业化发展,为加快建设知识产权强国做出新成绩!

马治国

西安交通大学知识产权研究院院长,

法学教授,博士生导师

2018 年 9 月 18 日

目 录 contents

绪　论·· 1

第一章　地质资料版权是地理信息服务的权利平台············· 7

　　第一节　我国地理信息服务制度的发展历程和趋势······· 7

　　第二节　地质资料版权在信息服务机制中的基

　　　　　　础地位 ······································· 37

　　第三节　地理信息服务运用地质资料版权的域

　　　　　　外实践 ······································· 55

第二章　地质资料版权的学理分析 ························· 77

　　第一节　地质资料的概念与法律定位 ················· 77

　　第二节　地质资料版权成立的实质条件 ··············· 99

　　第三节　地质资料版权成立的形式条件 ············· 134

第三章　运用版权原理重构地质资料汇交制度…………… 145

　　第一节　地质资料汇交制度及其在版权层面的意义 … 145

　　第二节　汇交前后地质资料的版权归属 ……………… 158

　　第三节　汇交后地质资料的版权权利分配 …………… 167

第四章　地理信息服务的版权管理方案……………… 177

　　第一节　版权管理的基本原则 ………………………… 177

　　第二节　地理信息服务管理环节的版权建议 ………… 186

　　第三节　地质资料版权许可使用协议的再思考 ……… 194

第五章　地理信息服务的版权利用策略……………… 213

　　第一节　对我国地理信息服务的版权利用建议 ……… 213

　　第二节　地质资料版权利用的支撑框架 ……………… 222

主要参考文献…………………………………………… 241

绪　论

　　地质资料被誉为国民经济建设的前提性材料,矿业开发、能源建设、城市建设、居民出行、旅游产业等绝大多数的经济活动都离不开地质资料提供的地理数据。近年来,我国经济发展又步入以创新为要义的新常态阶段,智慧城市建设、地理信息产业发展、数字国土等新兴项目对地质资料服务的数字化、信息化、产业化提出更高要求。为满足新常态发展目标,我国地质工作要加快转型升级,地质资料的管理、服务工作也需要改革更新。深化地质资料的管理机制、提高地质资料的社会服务水平是我国地质资料服务机制亟待解决的重要课题之一。为适应新形势需要,国土资源部近年来先后提出了地质资料信息服务集群化产业化、加速地理信息产业发展的战略目标,我国地质资料服务的数字化、社会化等工作也逐渐步入快车道并取得了比较突出的成绩。国土资源部发布的《中国矿产资源报告(2015)》显示,截至2014年,全国地质资料馆藏资料数字化程度达到88.1%、约40.49万份,各省(区、市)国土资源主管部门的地质资料馆藏机构及国土资源部信息中心、全国地质资料馆、国土资源实物地质资料中心全面建立 34 个节点,基本形成"分散式保管、网络化服务"体系,地质资料共享服务平台全年访问量约 62 万次。[①]

尽管我国地质资料信息储备不断增长,信息共享服务的能力不断提高,但与智慧城市建设、地理信息产业等相关行业的需求相比,我国地理信息服务水平仍存在较大差距。地质资料的可获得性不强,地理信息质量不能完全满足实际应用需求,地质资料涉密范围较大制约了地质资料公开程度和获取渠道,地质资料数据共享观念落后、共享机制不畅通,地理信息服务中的"信息孤岛"现象仍比较严重。笔者认为,建立适应新经济形势需求的地理信息服务机制,实现地质资料信息服务集群化产业化目标机制,不仅要在技术层面解决地理信息数据分析、数据共享和安全保护、地理信息数据处理等关键技术的系统建设、软件开发,提供地理信息服务技术平台,更为关键的是要在制度层面构建起地理信息服务的法律机制。由于地理信息服务兼有基础性、公益性、权威性等多向度特点,地理信息服务机制的改革完善整体上有赖于政府和市场两种力量的相互配合、共同发力,这也是美国、英国等地理信息服务发达国家的核心经验。政府在地理信息服务中处于主导地位,承担基础地理信息的开发、管理、服务工作,为地理信息的产业化发展提供生产资源(基础地理数据);社会投资主体是地理信息产业市场化运作的核心力

---

① 参见刘丽靓:国资部《中国矿产资源报告(2015)》,《中国证券报》2015 年 12 月 22 日,第 1 页。

量,以政府提供的地理信息数据为基础、运用市场模式建立地理信息服务产业。我国能否顺利实现地理信息服务机制的改革,根本上是要建立起满足政府和市场不同定位,并能理顺政府和社会投资、公益服务和商业服务、地质资料创作者、管理者和使用者利益关系的法律制度。只有如此才能形成有利于地理信息行业发展的引导机制,建立起有利于地理信息行业的公平、公正、有序的市场环境,发挥地理信息行业在信息化建设中的基础性作用。

权利是法律制度的逻辑基石,地质资料是贯穿地理信息服务机制的核心线索,地理信息服务机制也可理解为地质资料的管理、利用、开发系统,因此,地质资料的权利构建是我们建立地理信息服务法律机制的出发点和落脚点。地理信息服务机制的建立,首先是结合地质资料的特性和地理信息服务的制度目标,选择合理的权利平台,确定信息服务中各方主体的地位和能力。地质资料是地理工作者在地质工作中创作形成的、表达客观地理信息的物质材料,是典型的智力成果。我国现行法律文件关于地质资料的权利类型,涉及物权、商业秘密权、保守国家秘密义务、著作权等。但物权只保护地质资料物质载体本身,不能满足地理信息服务机制关于保护地理信息内容的要求。而商业秘密和保守国家秘密义务以限制地理信息传播为目的,不利于地理信息共享。从现有权利平台看,版权制度具有以垄断促进信息共享的功能,是地理信息服务机制的最佳选择。我国现行法律文件虽然规定了地质资料受版权保护的基本原则,但缺少对地质资料作品特殊性的足够重视,也没有就地质资料版权运用制定系统的可操作规范,导致地质资料版权基本停留在法律规范层面。选择以地质资料版权为平台构建地理信息服务机制,除在法理层面分析地质资料作品和版权制度的特殊性外,还需结合地理信息服务机制的流程,将地质资料版权贯穿到信息服务流程中,通过地质资料版权理顺信息服务中的各方关系,使地质资料版权成为地理信息服务的有力工具。

地质资料的独创性是创作者对地理信息的个性表达,按照版权法原理,具有独创性的地质资料自创作完成便自动获得版权。但基于地质资料的特殊性,地质资料版权需采用书面形式,经法定机关登记成立。地质资料版权制度的特殊性,还表现在地质资料版权以不损害、不威胁国家地理信息安全为前提。以保证信息安全为前提提高地理信息共享和利用效率,是地质资料版权制度的基本原则。从该原则出发,地质资料版权在权利归属、合理使用、利用方式上有所区别。地质资料汇交是地质资料从创作者持有变成国家持有的转折点,也是国家提供地理信息服务的起点。从地质资料版权角度言,地质资料汇交具有版权转让的意义,通过明确汇交后地质资料的权利归属,确定地质资料馆藏机构对地质资料享有复制、演绎、传播等权利,从而为地理信息服务发布地质资料、授权他人使用资料奠定法律基础。

地质资料版权和地理信息服务机制的融合,以地质资料管理和利用为重点。传统地质资料管理以保守国家秘密法为主,在确定地质资料密级后按照相关保密规定确定地质资料的公开范围、使用对象和使用流程。地质资料的保密规定虽然有利于保证地理信息安全，但限制了地质资料信息共享，是造成地质资料共享程度低、地质勘查重复投入的主要原因。将地质资料版权融入管理体制，是通过版权的平衡功能，协调地理信息垄断和共享的关系，协调信息安全和信息创造的关系。地质资料运用是地理信息服务的核心环节，地理信息服务机制的目的是提高地质资料的利用效率，推动地理信息产业的发展。在此方面，英国、澳大利亚和美国选择不同路径，英国和澳大利亚以版权为基础建立服务体系，美国放弃联邦政府持有的地质资料版权、以政府信息的无偿公开为原则。鉴于我国的立法传统和地质资料管理体制与美国有较大差异，建议我国地理信息服务机制可以以英国和澳大利亚为借鉴。一方面以地质资料版权为基础，通过地质资料版权许可方式确定地理信息服务机构和用户的关系，通过版权保护技术措施维护地理信息在流通环节的安全，通过版权权利管理信息跟踪地质资料信息质量。同时，充分运用CC3.0、CC4.0等开发许可协议，形成开放、宽容的信息服务机制，为地理信息的数据挖掘与利用提供条件。

当然，以版权为基础的地理信息服务机制的顺利推行离不开我国知识产权宏观环境的支撑。我国现行的法律体系还存在基础概念不清晰、权利模式不统一等问题，互联网领域的知识产权立法还不能完全满足地理信息产业的需求，知识产权侵权赔偿责任偏低不足以震慑侵权行为。地理信息服务机制的顺利实施,除了理顺地质资料版权法律体系,还需要我国知识产权领域的更大支撑,包括加强互联网立法,提高知识产权执法能力和司法审判效率,加大知识产权人才培育力度和社会宣传力度。

《《《《 第一章

地质资料版权是地理信息服务的权利平台

第一节　我国地理信息服务制度的
发展历程和趋势

一、我国地理信息服务机制的三个发展阶段

（一）新中国成立至 20 世纪末期，以保证国家秘密为主，向特定主体提供地质资料的查询、复制服务。

我国地理服务工作起步于新中国成立初期。由于地质资料工作的重要性，新中国成立后不久，便在 1950 年成立了全国地质资料馆，负责管理、保护新中国成立前原我国"三大地质机构"，即原农商部地质调查所、中央研究院地质研究所、资源委员会矿产测勘处及其下属或地方机构形成地质资料和日本人在我国设

立的地质机构形成地质资料。1952 年组建地质部时,成立专门的地质资料司负责全国地质资料管理工作。1955 年,地质资料司改为全国地质资料局,除收集整理地质资料外,还负责各省份地质资料机关的行政管理和业务指导工作。地质资料管理工作主要依据国务院发布的国秘习字第 284 号文件,将地质资料分为机密和非机密两种。机密资料由专人管理,凭借阅证和批准文件到馆阅读。非机密地质资料可公开出版或行业内流通。①

在全国地质资料局的指导下,各地相继建立地质资料管理机构,逐步健全地理信息服务的工作。但十年浩劫阻断了我国地质资料管理工作的正常进展,直到"文革"结束后,地质资料管理工作才得以恢复。地质资料是国民经济的基础性材料,被誉为国家经济建设的先期准备。为满足中国经济恢复时期巨大的建设需求,国家高度重视地质资料管理体制建设。1977 年,国家测绘总局颁布《全国测绘资料和测绘档案管理规定》(以下简称《规定》),对测绘资料和测绘档案的性质、范围、管理、利用等进行明确规定。《规定》是我国第一部关于地质资料管理的法律规范,是新时期我国地质资料管理体制建设的基本法律依据。《规定》沿用地质资料属于国家机密的基本原则,按照涉密程度将地质资料分为机密、绝密、秘密三个等级设定管理规范和利用流程。②《规

①　参见肖有均:《关于地质资料的收集和整理工作》,《档案工作》1958 年第 2 期,第 12 页。

②　《全国测绘资料和测绘档案管理规定》第一条规定:"测绘资料和测绘档案(以下称测绘资料档案),是我国经济建设、国防建设、科学研究和文化教育事业必须的基本资料,是国家的宝贵财富,属国家机密。"第七条规定:"测绘资料档案的保密等级分绝密、机密、秘密三级。"

定》施行后,全国各省份的地质资料馆相继恢复工作。1988 年
《保守国家秘密法》进一步明确了地质资料的国家秘密属性,
1996 年修订后的《档案法》、1999 年《档案法实施办法》对汇交
后地质资料的管理工作做出更加细致的规定。至 20 世纪末期,
我国以国家秘密为基础的地质资料管理体制基本成型。

按照《保守国家秘密法》的要求,地质资料馆藏机构的服务
对象以国家机关、国有企事业单位、军队等特定主体为主,需要
使用地质资料的主体需提供单位介绍信、办理审批手续后,由馆
藏机构根据地质资料密级和单位权限确定是否提供服务以及服
务具体内容,服务方式以提供纸质地质资料的现场浏览、复制
为主。

(二) 1998 年至 2010 年,启动地质资料数字化工程,
提出地质资料服务社会化目标,地质资料保护从单一的国
家秘密模式转向国家秘密和商业秘密并行模式。

1998 年启动的政府机构改革中,部分地质资料管理机构面
临改制、转产、合并或分立等问题。为了理顺地质资料管理关
系,国土资源部专门发文《关于在机构改革中加强地质资料管
理的通知》(国土资发〔1998〕120 号)。根据该通知要求,地质
资料管理属于政府职能,已汇交的地质资料属国家所有,国土资
源部统一管理全国地质资料,各地矿产主管部门接受国土资源
部统一管理。经过该轮改革后,我国地质资料管理机构定性为
事业单位,国土资源部和地方国土资源管理部门为相应级别的

业务领导,对地质资料管理的重要业务事项承担审批、监督等责任。

在 1998 年的政府机构改革中,地质矿产部、国家土地管理局、国家海洋局和国家测绘局共同组建为新的国土资源部,国家测绘局作为国土资源部的部管国家局。新成立的国土资源部对地质资料管理工作提出"四化"要求,即管理法制化、馆藏机构标准化、地质资料数字化、地质资料服务网络化。围绕"四化"目标,地质资料主管机构在法律制度、数字化、技术标准等方面进行大量工作,先后颁布《国土资源部保密文件管理暂行规定》(1999)、《关于开展地质资料目录数据库建设和地质资料数字化的通知》(2001)、《地质资料管理条例》(2002)、《涉密地质资料管理细则》(2008)、《办理涉密地质资料借阅复制证书有关事项的复函》(2008)等法律或政策性文件,制定了《地质资料档案著录细则》(DA/T23—2000)、《图文地质资料扫描数字化规范》(SZ1999001—2000)等技术标准,建立了数字地质图空间数据库(DD2006—07),推行实施"数字国土"计划。我国地质资料管理体制进一步得以完善。

这段时期,我国地质资料管理工作的基本思路仍然是以地质资料安全为主,其主要依据是《保守国家秘密法》。但不同于前一阶段完全将地质资料视为国家机密的单一管理方式,这一阶段的地质资料管理由于地勘单位企业化改革的原因变得复杂。1999 年,国土资源部、中央机构编制委员会办公室、国务院经济体制改革办公室共同制定了《地质勘查队伍管理体制改革方案》,除部分承担基础性、公益性、战略性的地质勘查骨干队伍仍保留行政事业编制外,其余地质勘查单位改组为按照市场规则运行和管理的经济实体。走向市场的地勘单位接受社会资本委托生产的地质资料,因其投资关系的变化,不宜再简单视为国家财产。因此,2002 年颁布《地质资料管理条例》十分明确地将地质资料分为公益型、商业型、商业投资的公益型三种类型,公益型资料汇交后便无偿公开,不存在保护期;社会投资的公益性地质资料为带有私有属性的准公共产品,允许 2 年保护期,保护期满后无偿公开;商业型地质资料是由社会投资形成的私人产品,汇交人在汇交地质资料时,可以申请 5 年保护期,期满后可再申请 1 次。保护期内的地质资料只公开资料目录,内容处于保密状态。社会公众如需接触获取地质资料内容,须和汇交人签订书面协议。地质资料管理机构依据协议提供地质资料。地质资料管理单位违反规定,擅自允许第三方获取保护期内的地质资料,或者向社会公众泄露地质资料内容,需承担相应法律责任,包括行政处罚、民事赔偿等。

《地质资料管理条例》对地质资料保护期的改变,是将汇交人的秘密权纳入保护范畴。从法律定性上看,商业性地质资料保护期的规定接近商业秘密权。如《地质资料管理条例》第十六条、二十三条规定,非法披露、提供利用保密的地质资料的,依照保守国家秘密法的规定予以行政或刑事处罚。处于保护期的社会投资的商业型地质资料、社会投资的公益型地质资料,地质资料汇交人可依法要求馆藏机构和社会公众承担保密责任,其性质属于保守商业秘密,第二十二条规定违法提供保护期内资料的对直接负责的主管人员和其他直接责任人员依法给予行政处分;造成损失的,依法予以赔偿。地质资料国家秘密和商业秘密的区别在于:(1)目的不同。保护涉及国家机密的地质资料是为了国家战略安全,而商业秘密的保护目的则在于维护投资人利益,稳定投资秩序。(2)原则不同。国家机密以不公开为原则,按照密级设定只能由相应级别的单位与人员可以获悉,主要为国家机构、国有企事业单位,如县(团)级以上的国家机构、县级以上政府及其工作部门举办的事业单位、国有独资和国有控股企业。而商业机密的地质资料则以公开为原则,除非经汇交人申请保护期,馆藏机构和社会公众不承担保密责任。(3)保密责任的时间不同。国家机密保密时间不定,一般秘密的保密期最长10年。(4)法律关系不同。国家机密的保密责任中,馆藏机构和汇交人、利用人形成行政法律关系;在商业秘密的保密责任中,馆藏机构和汇交人、利用人间是行政管理关系,馆藏机构承担行政处分及赔偿责任;汇交人和利用人之间为民事合同关系,如有泄密将追究民事违约或侵权责任。①

  2002年以后,我国地质资料服务从之前单一的国家秘密模式,转向国家秘密和商业秘密并行的模式。虽然这个阶段中,商业秘密保护只是国家秘密保护的补充,用国家安全法则保障地

---

  ① 参见蒋瑞雪:《地质资料信息服务产业化中的泄密风险与法律对策》,《情报杂志》2011年第4期,第181页。

质资料信息安全仍是地质资料保护重点,商业秘密保护发挥的实践功效比较有限,但地质资料商业保护模式的确立意义重大。它首次在法律制度层面明确了地质资料的财产权定位,确立了地质资料的市场交易地位,这对于地质资料私权保护模式的进一步挖掘无疑是重大突破。

我国地质资料管理体制一直将地质资料视为国家机密、国家所有,随着地勘单位从行政机构向企业化、市场化改革的逐步完成,地质资料的性质发生了很大改变。《地质资料管理条例》关于公益性、商业性地质资料的划分,在法律层面肯定了地质资料可以是非公有属性。而《地质资料管理条例》第十六条关于涉及著作权的地质资料适用著作权法保护的规定,是对地质资料国家机密属性的补充。对我国传统以国家机密为基础的地理信息服务制度而言,如何在公权管理中加入私财产管理成分,是亟待解决的问题。

(三)2010年至今,加快地质资料信息服务集群化产业化,推动地理信息产业升级,地质资料管理从强调安全的封闭式管理转向推动信息共享的开放式管理。

自1998年提出"四化"目标后,我国地质资料管理工作一直朝着法制化、数字化的目标发展,取得不俗成绩。到2009年时,国家级地质资料馆以及31个省级地方地质资料馆收到汇交地质资料达36.5万种,完成成果地质资料扫描数字化16.3万种,部分省级馆藏机构已经完成全部成果地质资料的数字化工作,全国地质资料数据量超过 10TB[①]。但相较于能源发达国家,我国地质资料信息化、社会化的程度仍然偏低,"在地质资料管理方面长期存在资料信息分散、综合研究不够、数字化信息化程度不高、服务渠道不畅、服务能力不强等问题,使地质资料信息的巨大潜在价值未能得到充分发挥"[②]。

2010 年 7 月,国土资源部印发《推进地质资料信息服务集群化产业化工作方案》(以下简称《方案》),指出要"以地质资料信息服务集群化促进地质资料信息服务产业化发展,以提供公共服务产品为基础,以地质资料增值服务为扩展,延长产业链,逐步形成地质资料信息服务产业,为建立服务型国土资源部门和提升宏观调控能力提供有力支撑"[③]。相较之前的地质资料管理思路,《方案》对传统服务理念、服务方式和服务能力有了重大变革。首先,首次从财产角度界定地质资料的法律属性,提出地质资料是地质工作形成的重要基础信息资源,是国家经济建设需求的信息产品。其次,关于地质资料的作用,不再单一强调地质资料对国家政治安全的重要性,而是从财产利用的角度指出地质资料具有可被重复开发利用、能够长期提供服务的重要功能。再次,关于地质资料管理工作的目的,除保证国家信息安全外,还要积极参与国家经济建设,为我国的经济社会发展提供系列、权威、集群化的地质资料信息产品。最后,地质资料

[①] 全国地质资料馆:《地质资料信息服务集群化产业化专题研究子课题——地质资料信息服务集群化产业化工作基础调查研究报告》,国土资源部 2010 年版,第 342 页。
[②] 《推进地质资料信息服务集群化产业化工作方案》(国土资发〔2010〕113 号)。
[③] 《推进地质资料信息服务集群化产业化工作方案》(国土资发〔2010〕113 号)。

的管理方式,要建立地质资料信息共享机制,通过对地质资料信息进行集群开发,提高地质资料管理水平和服务社会能力。

《方案》出台后,国土资源部组织上海、湖南等9个省(市),以及全国地质资料馆、实物地质资料中心、地调局西安和武汉地质调查中心等单位开展试点工作,形成了地质资料信息集群化的工作方法和工作流程,完善了地质资料共享服务机制,研制了重要成矿区带地质资料信息服务集群化工作指南、地质资料数据中心建设指南等标准,研发并完善了三维可视化地质资料信息服务和管理系统、地质资料信息空间检索服务系统以及地学文献移动服务平台等,开发了整装勘查区和重点成矿区带的地质资料信息集群化产品,初步构建了覆盖国家、区域、省三级地质资料信息服务集群体系。[①] 按照国土资源部工作部署,十三五期间,我国要逐步扩大地质资料信息服务集群化产业化试点区域,全面实行地质信息管理系统,培育地质资料服务中介机构,建立地质资料行业协会。以提高地质资料服务能力为目标的管理机制改革,仍是我国今后一段时期地质资料工作的重点之一。

2014年,国务院办公厅出台《关于促进地理信息产业发展的意见》,《意见》所提地理信息产业正是地质资料信息服务产业化的市场形态,是以地理信息开发利用为核心的高新技术产业。结合近年来我国出台的相关文件,可以发现,我国地质质量

[①] 参见许大纯:《在全国地质资料信息服务集群化产业化工作座谈会上的讲话》,www.mlr.gov.cn/tdzt/dzgz/dzzlgl/ldjh/201307/t20130712_1239757.htm。

管理工作已经有了根本改变。虽然我国地质资料馆藏机构仍是公益性事业单位，但管理思路上从以前保守秘密为主导的封闭式管理转向到提供地理信息产品的开发式管理。而要适应新时期的地质资料管理需求，完成国家改革战略，我国地质资料管理工作要建立一种满足"开放""共享"理念的管理策略。

表1-1　传统与现代地理信息服务制度的对比

	传统地理信息服务制度	现代地理信息服务制度
管理性质	只有政府的公益性服务	政府提供公益性服务，企业提供商业性服务
管理依据	地质资料是国家机密	地质资料是国家信息财产
管理理念	封闭，垄断	开放，共享
管理宗旨	保证信息安全，以不泄密为宗旨	促进信息共享，在信息安全前提下，提高信息利用效率
法律平台	保守国家秘密法	保守国家秘密法，政府信息公开条例等公法；著作权法，合同法等私法
管理方式	到馆借阅为主，禁止外传	网络查阅为主，允许传播，鼓励二次开发利用

二、地理信息服务制度的改革完善方向

（一）地质资料创作手段、保管方式转向数字化，互联网成为地理信息服务的主要平台

地质资料是制作记录、反映地理信息的物质材料。传统地质资料的制作主要依赖人工完成，大致分为野外实地勘查、实验

室分析矫正数据和人工绘图三个阶段。随着数字技术的发展，地质勘查行业的信息化程度不断提高，其表现之一便是地质资料的创作更多借助科技软件完成，地质资料的保管与利用大多在数字平台上完成，地质资料创作手段、保管方式转向数字化。

1. 地质资料创作技术手段的数字化

以国内地质制图行业运用较多的 MAPGIS 软件为例。该软件是武汉中地信息工程有限公司自主研发的，具有数字制图、数据库管理和空间分析能力的基础地理信息系统软件平台，可以实现千幅地图的无缝拼接，还可编辑出初步精度的地图。它的制图过程分为资料准备、图形输入、图形编辑、颜色设计和图形输出五个阶段。

在资料阶段，由于 MAPGIS 软件只能是非压缩的二值、灰度和彩色（BGB 模式）的 TIF 光栅文件，地质资料绘制者需要将待输入数据转换为可识别格式，阅读原始地质图件并根据经验确定待绘制资料的比例尺、符号、地层时代和顺序、岩体产状及相互关系等信息。准备充分后，地质资料绘制者需要将原始地质图扫描到软件中。MAPGIS 提供全自动矢量化和交互矢量化两种方式，全自动矢量化不需要人工干预，完全由软件自动生成，但只能适用于简单的地质图。大部分地质图采用交互矢量化完成，形成的图像有变形和误差，需要绘制者凭借经验分析图像，确定图像的误差矫正控制点的分布和数量，进行数据矫正和图像编辑。完成编辑地质图的需要拓扑造区。拓扑造区是数字化制图的核心环节，经过拓扑重建后的图像会自动生成各种颜色的区块,绘制者需要根据国家制图标准,结合原始地质图呈现的地质信息,对各个区块赋予相应的颜色。最后,绘制者补足地质图其他要素,如点、线、示例图等,保存并输出图形,便完成一幅地质图的制作。

MAPGIS 软件的应用,极大提高了地质图的制作效率。相比于完全依靠手工绘制的传统地质资料而言,绘制者个性智慧的作用被大幅减少。但 MAPGIS 毕竟还是需要人工操作的软件系统,更先进的数字遥感成像技术则彻底摆脱了对绘制者智力活动的依赖,完全通过数字技术完成。"数字遥感影像是通过空间传感设备对物理世界的特征、对象、材料等采集到的数据信息,它们在计算机里表现为一系列的像素点,表示像素的数字用以描述它在图像中的亮度级别(灰度)。通过图像的分析与处理可以实现目标识别与信息提取的自动化。"[①]

2. 地质资料保存、利用方式的数字化

传统的地质资料管理、利用方式是地质资料馆将纸质资料收集整理造册,编辑目录后入库保存。使用者需亲自到地质资料馆提交书面申请,获得许可后,由工作人员检索资料,使用者可以在资料馆里阅读,也可申请复制后携带出馆。数字技术的发展改变了以纸质为媒介的地质资料管理利用方式。有资料显示,我国自 20 世纪 90 年代开始"数字国土"计划至今,信息化已经成为我国地质资料保存、管理与利用的主要平台。截至 2012

① 付剑晶:《遥感软件知识产权与数字遥感影像版权保护》,浙江大学研究生论文 2012 年,第 7 页。

年,我国构建了全国各大区、专业单位及省级地调院 17 个专业结点的地质调查信息网格服务平台体系,初步建立以全国地质资料馆为核心结点,以六大区中心和专业中心为骨干结点的国家公益性地质调查数据服务集群体系,已有 5.4 万档数字化图文地质资料和全国 1∶20 万数字地质图在电子阅览系统中提供服务,开发形成各类信息服务产品 800 余项①。至 2014 年,全国地质资料馆共保存数字化资料 397178 档,其中全国馆 125610 档,其他馆 271568 档②。

（二）地质勘查单位市场化改革、多元投资模式基本完成,呼吁地质资料管理和处置方式进行相应改革

自新中国成立到 20 世纪末期,我国地勘行业一直实行高度集中计划经济管理模式。所有地质勘查单位都是带有行政编制的政府单位,按照国家勘查计划执行勘查、绘制等任务,所形成的地质资料无偿交给国家,地质勘查单位本身对地质资料不享有任何财产权利。这种体制在一定时期内发挥了重要作用,对我国经济发展作出了重要贡献。但随着我国具有社会主义特色市场经济体制的健全完善,地勘单位的计划体制已经不能适应我国经济发展的需求,地勘单位出现人员老化、工作懈怠、成果稀少等问题。地勘单位管理模式的滞后,较大影响了我国国民

① 参见汪民:《全面保障和促进找矿突破战略行动》,http//www.mlr.gov.cn/xwdt/jrxw/201202/t20120216_1064105.html。
② 参见全国地质资料馆:《地质资料介绍》,www.ngac.cn/Zlml.aspx。

经济持续增长力。

2006 年,我国经济增长率连续四年保持 10% 或以上的高增长率,国内生产总值实现 209407 亿元①。但也是 2006 年,我国地勘行业的成绩差强人意。仅以重要的能源勘查为例,当年我国石油资源探明率仅为 19.36%,天然气资源探明率为 7.09%,油气资源勘查工作程度总体上还处在勘探中期阶段(已查明资源中精查资源量仅占 25%,详查资源量仅占 17%),我国煤炭资源探明率仅为 18.71%,煤层气资源探明率仅为 12%。② 地质资料是工业建设的基础性材料,我国地勘行业滞后的管理方式,严重影响了地勘行业的生产力,阻碍国民经济的持续发展。

为提高地勘行业生产力,我国在 20 世纪 90 年代开启了地勘行业的第一次市场化改革。当时,政府按照公益性地质工作和商业性地质工作分开的基本思路,在保留中国地质调查局、西北地质调查局等六大中央直属地调局行政编制的基础上,其余地质调查队伍进行属地化管理,鼓励其推向市场,进行自主经营、自负盈亏的企业化管理。政府负责公益性调查、提供公共产品性质的地质资料,其他地勘单位负责商业性调查、提供非公共产品的地质资料,这种格局在 21 世纪初基本形成。但这次改革的成效并不如意,有资料显示,1998 年以前,地质调查投资总量呈不断上升趋势,1995—1998 年四年地质调查总投入合计为

---

① 参见《中华人民共和国 2006 年国民经济和社会发展统计公报》。
② 参见夏英煌:《我国地质调查工作的发展与未来需求分析》,《中国国土资源经济》2007 年第 1 期,第 36 页。

123 亿元,年均 30 多亿元。但在 1998 年以后,地勘投入有很大滑坡,造成目前地质工作前期投入不足,矿产勘查后备基地不足,属地化管理的地勘单位"吃老本"现象严重,甚至有业内人士将地勘行业戏分为"中央军"和"野战军"①。究其原因,地质资料是地勘单位最重要的产出成果,但由于地质资料没有明确的财产属性,我国现行法律制度对地质资料的权利及其行使缺少具体规定,这就意味着地勘单位对其产出的地质资料是否享有产权、如何利用产权、侵权后救济方式等无法可依。对于被属地化管理、被推向市场的地勘单位而言,他们没有可以进入市场交易的产品,自然也就没有进入市场的资格。

2006 年,为进一步推动地勘单位的市场化改革,国务院出台了《关于加强地质工作的决定》(以下简称《决定》),《决定》确立了我国地质工作区分为公益性和商业性两大体系的基本格局。其中,公益性地质调查工作体系以政府为实施主体,实行中央统一领导下的地方负责机制。国土资源部为主的中央一级行政主管部门负责全国能源和其他重要矿产资源远景调查与潜力评价,全国性、跨区域、海域基础地质和环境地质的综合调查与重大地质问题专项调查。省、自治区、直辖市一级的人民政府承担为地方经济服务的基础地质、矿产地质及环境地质调查工作。公益性地质调查的资金来源除政府投资外,《决定》提出了积极引入市场竞争机制的要求,建议借鉴招投标等方式遴选优选项

---

① 夏英煌:《我国地质调查工作的发展与未来需求分析》,《中国国土资源经济》2007 年第 1 期,第 36 页。

目承担单位。《决定》提出建立完善的商业性勘查机制政策,对可以由企业投资的商业性地质勘查项目,政府原则上不再出资。政府运用政策调控等宏观手段改善市场环境,引导和促进社会资本投资地质勘查,鼓励各类社会资本参与矿产资源勘查,培育壮大商业性勘查市场主体。对勘查风险大的能源和其他重要矿产资源,政府适当加大前期勘查力度,带动商业性矿产勘查投资,逐步确立社会资本在商业勘查中的主体地位。

《决定》改变了传统地质勘查的投资模式,为此,国土资源部、财政部于 2006 年 7 月发布了《中央地质勘查基金(周转金)管理暂行办法》(以下简称《暂行办法》),确立了地勘基金运行和管理制度的总体框架。2007 年,中央财政投入 20 亿元人民币启动资金,启动了首批 126 个试点项目,安排勘查投入 5.7 亿元①。自 2007 年后,我国地勘单位全面推行地质勘查项目运作模式。项目模式的资金来源由原来的行政拨款改为政府投资和社会投资相结合。国家设立中央地勘基金和省级地勘专项基金,基金由隶属于各级国土资源管理部门和财政部门的基金管理中心,政府投资和矿业权价款折股上交形成的股权为基金来源。为鼓励民间资本进入地质勘查领域,勘查基金项目实行"谁投资,谁收益"原则,项目产生的权利及权益,如优先购买权、地质资料收益权、矿业权转让收入等,由政府和民间投资者按照各自投资比例进行分配。由政府地勘基金全额投资取得的

---

① 参见中央地质勘查基金:《基金简介》,http://www.cgef.org.cn/jjjj。

地质资料,除国家另有规定之外,一律按照市场方式处置,将地质资料价值包含在矿业权价值中,以矿业招投标方式设定或转让矿业权来回收地勘成本并获得收益。① 对地勘基金与社会资本或其他资金合作投资的勘查成果,允许政府和投资者通过项目合同约定矿业权处置,投资者可作为探矿权人有限申请采矿权。

地勘基金项目推行对传统地勘模式的改革冲击至少表现在以下几个方面:(1)投资方式转变。根据矿产勘查项目的不同情况,地勘基金分别采取全额投资、合作投资两种投资方式②。以前封闭式管理资金来源只有财政拨款资金,也即《暂行办法》中所指的全额投资,而合作投资是新增的开发投资模式,包括与原矿业权人合作,与社会资金合作等。在《地勘项目立项指南》中也要求鼓励地方财政资金、社会资本参与地勘基金项目,共享收益、共担风险。(2)管理方式转变。地勘基金由财政部、国土

---

① 地质勘查工作的服务对象不仅限于矿产项目,涉及建设、基础设施等诸多领域。矿产勘查是市场需求较多的领域,社会投资相对集中。在之前的矿产项目中,地质资料通常视为矿业项目的附属物,随同矿产项目被处分,不具有独立的交易地位。此次地勘基金项目区分地质资料收益权、矿业权转让收益权等概念,明确将地质资料和矿业权区分开来,在政策层面明确肯定矿业项目中的地质资料具有独立的经济价值,是地质资料法律地位的一大进步。进而言之,也为我们区分地质资料版权和矿业权奠定基础。在法理上,矿业权是依法勘探、开采、处分矿产资源的民事权利,分为探矿权和采矿权,属于用益物权。地质资料版权是作者对具有独创性表达的地质资料享有的署名权、修改权、复制权等权利,性质为知识产权。矿业权的主体是依法取得探矿权证和采矿权证的法人、自然人,地质资料版权主体是赋予地质资料独创性的原始作者和继受作者,矿业权和地质资料版权的内容、性质、行使方式等均不相同,是两个相互独立的民事权利。在矿业项目运作中,矿业权在物权维度展开,法律依据为《物权法》《矿产资源法》等;地质资料版权在知识产权层面,法律依据以《著作权法》及相关规范为主。

② 参见《中央地质勘查基金(周转金)管理暂行办法》第十一条。

资源部共同管理。财政部、国土资源部共同委托地勘基金管理机构负责地勘基金组织实施及日常管理工作。① 在地勘项目中,政府不直接经营基金,授权基金管理机构经营。政府以投资者身份对资金运作进行监管。这种做法使得地质资料的产权关系更加明晰,符合政事分开、政企分开的改革方向。(3)成果处置方式发生改变。对地勘基金全额投资的勘查成果,除国家另有规定的外,一律采用市场方式出让矿业权;对地勘基金与社会资本或其他资金合作投资的勘查成果,可以通过项目合同约定矿业权处置。② 这意味着,我国立法上承认地勘基金投入所形成的项目成果不是公共用品,成果所有人有权按市场方式处置。③

地勘投资模式多元化改革的成绩可圈可点。仅在"十一五"期间,全国地质勘查总投入3708亿元,是"十五"期间的2.7倍,固体矿产勘查中社会资金由2006年的48.24亿元增加到2010年的240.91亿元,比重从57%上升到59.2%。到"十一五"结束时,我国多元化的地勘投资模式已基本形成④。但随着地质资料创制资金来源多元化的确立,地质资料管理和处置方式仍停留在传统计划模式,两者间的矛盾也日渐突出。传统地质资料管理和处置是基于国家是唯一或主要的投资主体,因此侧重运用国家计划手段和行政方式。而投资方式多元化后,地

---

① 参见《中央地质勘查基金(周转金)管理暂行办法》第六条。
② 参见《中央地质勘查基金(周转金)管理暂行办法》第五条。
③ 参见邵厥年:《地勘基金:矿业资本市场的润滑剂》,《地质勘查导报》2008年2月14日,第7期。
④ 参见中华人民共和国国土资源部:《中国矿产资源报告》,地质出版社2011年版,第39页。

质资料管理和处置便需确立有助于地质资料市场化的工作思路,从行政为主转向行政和民事相结合,从只保护信息安全到信息安全和经济效率兼顾。

（三）中国经济发展对地理信息服务在安全性、产业化等方面提出更多要求

近年来,随着中国地缘政治格局的变化,地质资料这种承载着国家地理信息的物质材料,其在经济以外的价值不断凸显。地质资料不仅是工业建设的基础材料,资料的创作与利用还涉及国家版图、科技信息、军事安全等非传统国家安全领域。在过去,我们的重点是解放地勘企业生产力,但忽视地勘行业市场化带来的安全隐患。国内出现非法获取地质资料,擅自出版、生产地质软件、地图,在互联网地图上随意标注军事设施信息,甚至有外国组织和个人利用委托合同、借用资质等方式违法测绘、获取我国地理信息等危及国家安全的行为。地质资料信息服务的产出模式在协调服务经济价值和政治价值、兼顾经济效率和国家安全方面需要进行调整。

其次,传统地质资料信息服务的重点是工矿企业,侧重满足建设需求。但随着中国经济社会快速发展,人民生活水平不断提高,普通民众对地理信息的需求也在增加。居民医疗、自驾旅行、登山探险、个人研究等新兴消费行为尚未纳入现行服务体系。

最后,中国城市管理模式的转变需要更多的高质量地理信息服务。2013 年,党的十八大报告明确提出了中国要在 2020

年全面建成小康社会的主要目标,并强调要坚持中国特色新型工业化、信息化、城镇化、农业现代化道路。城镇化是我国现代化建设的历史任务和重大目标。在中国未来的治理结构中,如何提高城市管理水平、发展动力都会在很大程度上影响中国小康社会的建设步伐。现代城市管理的发展趋势之一是"智慧城市"。我国自 20 世纪 90 年代接触到此概念,此后由工信部、建设部等部门尝试建设试点城市。截至 2014 年,住建部共批准两批 193 个试点城市,科技部与国家标准委批准 20 个试点城市,试点城市围绕城市公共信息平台、公共基础数据库和智慧社区等项目进行建设,试点共涉及重点项目近 2600 个,投资总额超万亿元人民币①。"智慧城市"是以信息技术应用为主线,以物联网、云计算、移动互联和大数据等新兴热点技术为核心和代表的城市发展新兴模式。

总之,以产业化为核心理念构架地质资料信息服务新模式,是上述社会原因共同作用的结果,也是信息服务可以产业化的社会基础。地质资料创作、保管、利用方式的数字化使地质资料可以在数字空间中处理、传输,形成符合城市管理、社会公众需求的信息产品。地勘单位市场化改革的完成使地质资料不再是单纯的公共产品,地质资料在性质上可以是市场交易非公共商品。有社会资本参与的多元投资关系,提出法律层面为地质资料确权的现实需求。最后,国家多层面的地理信息需求,已经形

---

① 参见《第三批国家智慧城市试点申报启动》,《现代快报》http://finance.east-money.com/news/1350,20140829418002369.html。

成一个巨大的地理信息服务市场。这个市场还会随着中国经济建设的快速发展,中国国际地位的不断上升,在国家安全、经济建设、城市管理等多个领域不断扩展。但我国地质资料服务还处在传统手工服务到现代信息服务的过渡阶段,需要我们在政策层面做好信息服务改革工作,以创造出更丰富的地理信息产品,满足中国社会各阶层、各类型的地理信息需求。

三、地理信息服务制度在法治范畴的改革完善

(一)需进一步加强法治化

地理信息服务机制进一步强化法治建设,不仅是党的十八大将法治建设提到国家战略新高度的必然要求,也是地理信息服务工作发展的内在需要。

法治是"良好的法律得到普遍遵守"的社会治理状态,党的十一届三中全会将其明确为"有法可依、有法必依、执法必严、违法必究"的十六字方针,党的十八大进一步完善为"科学立法、严格执法、公正司法、全民守法"社会主义法治原则,并针对我国法治工作的具体思路提出党和国家各项工作都应贯彻、运用法治思维和法治方式,"在整个改革过程中,都要高度重视运用法治思维和法治方式,发挥法治的引领和推动作用,加强对相关立法工作的协调,确保在法治轨道上推进改革"①。我国的地

---

① 《习近平主持召开中央全面深化改革领导小组第二次会议的讲话》。

理信息服务制度建设总体上遵循了法治建设标准,特别是在立法领域,相继发布了《地质资料管理条例》《地质资料管理条例实施办法》《测绘法》《地图审核管理规定》等系列法律规范,形式上涵盖了立法、行政法规、部门规章、地方性法规、地方政府规章等主要类型,在效力范围上既有《测绘法》《地质资料管理条例》等一般法,也有针对具体环节的特别法,如针对地质资料保密的《涉密地质资料管理细则》,针对遥感地图的《遥感影像公开使用管理规定(暂行)》等,基本建立起体系完整、内容全面的法律体系,使地质资料服务工作做到"有法可依"。

但还要看到,和十八大以来我国法治建设新要求相比,地理信息服务机制的差距依然明显。地理信息服务缺少全国人大的高层次立法,法律文件以部门规章为主,国土资源部及地方国土资源管理部门、地质调查系统、地理信息测绘系统对地质资料性质的认识还不统一,地质资料、地勘成果、地理信息、地理数据等概念在法律文件中同时存在,地方性立法的质量的提升空间比较大。地理信息服务的管理和维护基本还以行政方式为主,侧重保守国家秘密,通过司法途径解决地理信息服务纠纷、保护地质资料权利的意识和能力都还不够。

2014 年,中央经济工作会议对我国经济建设发展目标提出"经济新常态"概念,"我国经济正在向形态更高级、分工更复杂、结构更合理的阶段演化,经济发展进入新常态,正从高速增长转向中高速增长,经济发展方式正从规模速度型粗放增长转向质量效率型集约增长,经济结构正从增量扩能为主转向调整

存量、做优增量并存的深度调整,经济发展动力正从传统增长点
转向新的增长点。认识新常态,适应新常态,引领新常态,是当
前和今后一个时期我国经济发展的大逻辑"①。按照经济新常
态要求,政府在经济发展中的地位将发生根本性转变,政府和市
场的划分更加明显,政府将社会性、竞争性产业进一步向民间投
资领域放开,重视实体工业发展,大力扶持服务业。

国内学者研究指出,经济新常态离不开法治的支持,健全的
法治是推动经济新常态的关键动力。② 我国地理信息服务工作
在经济新常态建设中面临两重任务,地理信息服务工作本身作
为政府管理职能的内容,需要按照经济新常态要求进行简政放
权,从原来大包大揽的管理模式转向有所为有所不为的服务模
式,吸引更多社会资本参与地理信息服务行业;同时,因为地理
信息是国家经济建设的前提性材料,地理信息服务还要为经济
新常态建设提供保障。地理信息服务机制在经济新常态中的重
要作用要求我国的地理信息服务机制必须走向法治化。

地理信息服务机制向法治化方向发展,也是地理信息服务
工作发展趋势的必然要求。如前所述,随着大数据、云计划、互
联网平台等信息技术对社会经济发展的影响,我国地理信息服
务工作基本确立了信息化、市场化、产业化的发展方向。而市场
和法治有着内容的一致性,市场经济就是法治经济,市场化程度

① 《中央经济工作会议在京举行习近平李克强作重要讲话》。
② 参见朱苏力:《经济新常态下的法治寓意》,http://www.time-weekly.com/ht-ml/20140928/26682_1.html。

越高,对法治的要求就越强烈。现代市场经济从建立到完善的过程,也是法治不断推进的过程。建立地理信息市场、推动地理信息产业,需要在经济结构调整、经济发展方式转变中,充分发挥法律的调节功能,平等保护地理信息市场主体的权利和利益,保护自由交易,打击不正当竞争,克服市场经济自发性、盲目性缺陷。地理信息产业目标的发展要求地理信息服务机制法治化。

总之,在国家法治战略、经济战略提升的大背景下,地理信息服务机制要按照法治要求,以地理信息服务机制法治化为目标,将法治方法和法治思维运用到地理信息服务的制度建设各个领域。在地理信息服务机制中善于运用法治思维,对人、权、事的安置提出长远解决方案,确保地质资料管理部门、馆藏机构的权力能规范、公正地行使;在地质资料管理、服务等具体工作中,学会运用法治方法处理问题,用法律制度严格约束服务行为,保障权责一致;要运用法律权利处理好公益性服务与商业性服务等关系,确定地理信息馆藏机构的法律地位,平衡地理信息服务中各方权益需求,在法治方法和法律思维的指导下,全面推进地理信息服务机制的改革完善,实现地理信息服务体系现代化、服务能力现代化,推动地理信息产业的发展壮大。

（二）要明确政府服务的公益化定位

1.政府服务定位要依法确立为公益服务

地理信息服务按照服务性质大体分为公益性和商业性两

种。公益服务不以盈利为目的,服务对象为全体社会公众,服务为无偿或仅收取必要的边际成本,如资料复制费、检索费等,提供的地理信息产品为公共产品。商业服务的对象是特定的用户群体,要求用户承担服务费用,允许服务主体从中获利,地理信息产品为私人产品。在地理信息服务机制中,政府是公益性服务主体,地理信息企业是社会性服务主体没有疑义,但政府能否也可提供社会性服务还存在争议。国内学者对欧美日等地理信息服务发达国家的研究表明,政府在信息服务产业中的地位至少有两种模式:一是以美国为代表的公私分明竞争模式,将地理信息的公益服务和商业服务区分开,政府只提供公益服务,禁止从地理信息服务中获利,民间资本提供地理信息的商业化开发,政府通过税收等经济杠杆从地理信息收益中回收成本①。二是以英国为代表的公私一体化模式,政府部门可以从事公益性地理信息服务,也可提供盈利性的商业化服务,英国政府早在1986年公布的《政府部门对外信息交易指导方针》中明确了政府部门、私营部门在政府信息市场中的地位,规范了政府权力和竞争规则②。

就我国目前的地理信息服务情况而言,政府主体和市场主体、公益性和商业性服务同时存在、时有交叉。隶属于国土资源部和各地国土资源厅的地质资料馆藏机构是我国地质资料管理

---

① 参见袁文清:《美国政府信息资源的开发利用:经验和启示》,《图书馆》2009年第2期,第67—69页。
② 参见张效利:《英国政府信息资源管理市场化改革政策评析》,《档案》2011年第4期,第46—47页。

保存机关,也是地理信息服务的传统主体。以武汉光谷北斗地球信息产业股份有限公司(简称光谷北斗)为代表的地理信息服务企业是商业服务主体,根据中国地理信息产业协会统计数据,截至 2013 年,我国营业收入超过 25 亿元的地理信息服务企业有 2 家,营业收入超过 1.3 亿元的企业共计 89 家。① 除商业服务外,地理信息企业也和国家机构合作开展公益性服务,如国家测绘局国土测绘司和腾讯公益慈善基金会在南极科考中携手,在地理信息技术科研和地理信息服务公益项目运作展开合作②,中国地理信息产业协会每年还会评选公益服务贡献单位,进行表彰。

政府服务和市场服务、公益服务和商业服务并行虽然促成了地理信息产业市场繁荣,但对于地质资料馆藏机构为主体的政府服务群体而言,也带来定位难题。馆藏机构能否将其保管的地质资料作价出资设立地理信息产业公司,或者将地质资料复制买卖?馆藏机构的定位究竟是市场参与者,还是为市场的奠基护航人?关于馆藏机构的角色之争,背后实质是地理信息产业市场前的政府机构定位问题。关于这一问题,党的十八大以来政府体制改革的思路很清晰,政府及国家投资要逐步退出竞争性、经营性业务,包括垄断行业的经营性环节都要交给市场,通过吸引民间投资去完成。政府不再直接参与市场经营,在

---

① 参见王红涛:《浅析 2014 年地理信息产业发展环境》,《中国建设信息》2015 年第 2 期,第 71 页。
② 参见国家测绘局:《携手腾讯启动地理信息公益服务》,http://tech.qq.com/a/20090629/000348.html。

必需的公共服务领域也要通过 PPP（Public—Private—Partner-ship,简称 PPP）等模式实现从"管理者"到"投资者"的转变,即经济新常态要求的政府从台前走向幕后。

我国近年来关于地理信息服务的政策性文件,如《推进地质资料信息服务集群化产业化工作方案》《国土资源信息化"十二五"规划》《国务院办公厅关于促进地理信息产业发展的意见》等,体现了以上政府改革思路。[①] 笔者建议,按照国家关于地理信息服务机制的发展构想,我国分别建立地理信息公益性服务机制和商业化服务机制,两个机制分体运行。地质资料馆藏机构是公益性服务主体,要坚持信息服务的公益性目标,优先满足社会公众、政府管理、科学研究等公共需要,发展公共产品,提供公共服务。地质资料馆藏机构等政府服务机构的定位是公益性服务,以提供基础性地理信息服务为主,为地理信息产业提供资料支撑,但不能直接参与到地理信息产业经营中。

因此,我们所说的地理信息服务其实有广义和狭义之分。广义的地理信息服务机制建设包括公益服务机制和商业服务机制,馆藏机构是公益服务主体,地理信息服务企业是商业服务主体。前者是我国地理信息服务的薄弱环节,也是地理信息服务机制改革完善的重点。狭义的地理信息服务机制仅指前者,地理信息商业服务被纳入地理信息产业范畴加以规范。

---

① 参见国家测绘地理信息局:"《测绘地理信息事业"十三五"规划》发布:开创公益性服务事业新格局", http://www.sbsm.gov.cn/chdlxxyw/201609/t20160907_307480.shtml。

2. 政府公益服务需有助于地理信息产业发展

地理信息服务机制的最终目标是推动地理信息产业发展。地理信息产业是以地理信息的开发利用为核心,覆盖相关硬件生产、软件研发等领域的高新技术产业。广义上,以现代测绘技术和遥感、卫星导航等技术手段为基础的产业都可纳入地理信息产业范畴,具体包括:遥感数据获取和处理有关的产业;地理信息技术装备生产企业;结合北斗卫星导航产业发展,培育相关导航电子地图、互联网地图等基于位置的服务产业;面向政府管理决策、企业生产运营、群众生活的地理信息应用产业,如城市多媒体地图、三维虚拟地图,以及以地图为媒介的游戏、动漫、教育等文化产品。[1] 2014 年我国地理信息总产值超过 3000 亿元,"十二五"期间的年增长率接近 30%。[2] 国家发改委、国家测绘地理信息局发布的《国家地理信息产业发展规划 2015—2020年》要求,我国 2015 年地理信息产业规模要达到 3750 亿元,2020 年达到 8000 亿元,年增长率保持 20%。地理信息产业要成为国家经济发展新的经济增长点。

(三) 地理信息服务要向"政监分离"发展,理顺政策制定、执行、监督部门的关系

目前,地质资料信息服务机制的政策制定权、执行权、监督

---

[1] 参见国家测绘地理信息局:"就《国务院办公厅关于促进地理信息产业发展的意见》答问",http://www.sbsm.gov.cn/article/zcfg/zcfgjd/201402/20140200008433.shtml。

[2] 参见王红涛:《浅析 2014 年地理信息产业发展环境》,《中国建设信息》2015 年第 2 期,第 71 页。

权没有分开,是"政监合一"的管理体制。具体来说,在中央层面,国务院负责制定产业化政策的宏观意见,包括产业化的指导思想、基本原则、总体要求等,国土资源部在国务院指导下,制定具体的产业发展意见。国务院和国土资源部是服务机制的指导单位。服务机制中具体事务的制定、执行和监督权能集中国土资源部下属的国家测绘地理信息局(副部级事业单位)和中国地质调查局(副部级事业单位),两家单位都有地理信息测绘职能,在各自职权范围内颁布规范性文件,对地质资料信息服务的技术标准、从业资质、信用管理、质量监督、资料利用办法等具体实务制定行业准则。

在地方,省级人大及常委会、省级人民政府、国土资源厅对本辖区范围内的地质资料信息服务实务有制定地方性法规、地方政府规章,以及地方规范性文件的权力,可根据地方经济发展实际情况做进一步规范。但基于我国立法惯例,涉及地质资料的立法往往最终由国家测绘系统、地质调查系统的地方机构来承担。按照我国行政机构设置,国家测绘地理信息局在省一级设立省级测绘地理信息局,性质为厅级事业单位,直属国家地理信息局。国家地质调查局在天津、沈阳、南京、武汉、成都、西安设置六个地质调查中心,分别负责华北、东北、华中、华南、中南、西南、西北六片区的地质调查工作,各调查中心实行垂直管理,均为厅级事业单位建制。除此之外,中国石油天然气集团公司、中国石油化工集团公司、中国海洋石油总公司、中国有色矿业集团公司等国有企业,接受国土资源部委托保存油气资源、有色金属、反射性矿产等地质资料,由于这些单位是"半个衙门"的国家公司,对本领域的地质资料的管理、信息服务方案等享有制定权,同时也是执行主体。按照现有模式,我国地理信息服务机制的政策制定主体同时也是执行主体。同时,因为中央层面主要负责宏观指导,具体事务的制定和执行被划分到测绘、地调、油气、有色等各单位,政策的监督管理相应被集中到各系统内部,呈现出"政监合一"的特点。

地理信息服务机制建设是对我国传统地理信息管理、保存、利用制度的深刻改革,在管理理念、服务方式、服务对象等方面都要和传统模式有所区分,是对我国地质资料管理部门创新能力的挑战。要建立现代化的地理信息服务机制,首先要求管理部门自身的管理机制能满足市场化、产业化的要求。"政监合一"模式下,政策制定者又负责执行、监督自己所制定的政策,这不仅容易引发"权力寻租"现象,而且在政府人力有限的情况下,容易导致政府将精力投入到相对简单的政策制定中,而轻视所需人力投入较大的监督执行,出现监管不力、监管短缺等问题。我国垄断行业的发展中,"政监合一"会导致企业管理效率降低,损害企业经营活力已经有所表现,地理信息服务机制的建设,还需以"政监分离"为方向,明确国土资源管理部门、地质资料馆藏机构、地理信息服务企业的相互关系,明确各自权限。原则上应由国土资源管理部门负责政策制定,测绘、地调以及地质资料馆藏机构等地质资料服务主体只能是政策执行主体,由第三方政府机构对政策的制定和执行情况进行监督管理,做到制定权、执行权和监督权相分离。

第二节　地质资料版权在信息服务
机制中的基础地位

一、地理信息服务机制法治化的权利基础

（一）现行制度下地质资料的权利平台及比较

如前分析,地质资料的本质是信息财产,关于信息财产的保护模式,理论上有信息产权、知识产权等多种观点,我国现行法律制度中,以信息财产为调整对象的法律模式主要是知识产权、信息产权和国家秘密权。知识产权与信息产权属于私权范畴,以私有信息财产为对象,制度目的在于保护信息人格与经济权益;而国家秘密权是以国家所有的信息财产为对象,信息内容直接关系国家政治、经济安全,国家秘密权以维护国家政治安全为目的。根据地质资料反映地理信息的区域、性质、明晰度等标准,地质资料除版权外,还有商业秘密、国家秘密、信息产权等权利平台。

1. 版权和信息产权是相互独立的财产权

信息产权理论最早在 20 世纪 80 年代由澳大利亚学者提出,并成为 90 年代的理论研究热点。数字空间环境中的计算机数据和网络数据是信息产权最早的保护对象,如 1999 年美国的《统一计算机信息交易法》,主要针对的就是计算机存贮的信

息。但随着信息产权理论的发展,信息产权的保护对象扩展到个人信息、政府公务信息、环境信息等。国内学者也论证指出,知识产权保护的知识产品也是一种信息,是具有智力成果属性的知识信息。[1]

由于版权和信息产权都以信息为调整对象,关于两种权利的关系地位存在一些争议。版权是知识产权的下位概念,其与信息产权的关系可从目前国内学者关于知识产权和信息产权比较成果中找到答案。国内对知识产权和信息产权的关系,有两种观点。一种观点认为知识产权孕育出信息产权,信息产权在未来为替代知识产权成为上位制度。认为知识是信息的一种,随着我们对知识信息本质的认识的不断深入,信息产权会逐渐成为重要的财产权制度,"传统知识产权领域正在不断扩大,知识产权必将向信息产权扩展。信息产权法将包括下面这些内容:以前就已存在的传统知识产权法;新的、虽与知识产权有关,但又具有完全不同的受保护主体或客体、完全不同的保护方式的法律"[2],"信息产权的范围大于知识产权的范围。随着人类的发展,人们对知识和信息的认识逐渐加深,知识与信息所产生的位移运动,预示着知识产权必将向信息产权过渡"[3]。第二种观点是,信息产权包括科学发现权、know-how 专有权、民间文学专

---

① 参见郑成思、朱谢群:《信息与知识产权》,西南科技大学学报 2006 年第 1 期,第 12 页。

② 孙璐:《知识产权对信息产权的孕育及扩展》,《知识产权》2008 年第 3 期,第 31 页。

③ 施云:《知识产权保护与信息产权》,《情报理论与实践》1998 年第 3 期,第 142 页。

有权、数据专有权,知识产权调整工业产权、工业版权和版权,知识产权和信息产权虽然有可能重合,但却是两种并列的权利类型①。信息按照是否处于公有领域分为公有信息和专有信息,专有信息是专属于权利人、未经许可不得使用的信息,专有信息又分为可通过公开方式获得的信息,即知识产权保护的信息,还有处于秘密状态的专有信息,这部分信息应由信息产权调整②。

随着信息技术的不断发展,信息产权已经成为法学发展的新领域,信息理论虽然改变了我们对版权的传统解读,但试图用信息产权覆盖版权是不可行的。任何法律制度都有自身的稳定性,"即使最激进的理由也仍然受惠于它们所力图挣脱的传统"③。尽管版权和信息产权都以信息为保护客体,但版权和信息产权所保护的信息在类型和价值目标上有所不同,正视版权和信息产权的区别是避免重复立法的前提。

第一,版权保护的是智力成果属性的优化信息,版权保护的知识信息的基点是"创造",是作者对现有社会信息进行了有效的增值或增量,"前现代知识产权法的一个关键性特点在于……智力(或者创造性)劳动不仅形成了各个范畴的组织方法、界限划定,还影响到该财产的保护期限、范畴以及本质特征"④。而信息

---

① 参见郑成思:《知识产权与信息产权》,《工业产权》1988年第3期,第7页。
② 参见阳东辉:《创设信息产权概念 构建信息法体系》,《湘潭大学社会科学学报》2000年第8期,第88页。
③ [澳]布拉德·谢尔曼、[英]莱昂内尔·本特利:《现代知识产权法的演进——1760—1911年英国的历程》,北京大学出版社2006年版,第287页。
④ [澳]布拉德·谢尔曼、[英]莱昂内尔·本特利:《现代知识产权法的演进——1760—1911年英国的历程》,北京大学出版社2006年版,第305页。

产权所关注的信息在理论上是广义的,而就新型法律制度而言,信息产权保护的信息应当是非智力成果属性的专有信息。信息产权理论产生的最大动力是版权对计算机数据、数据库、软件等新型信息保护不力,急需衍生出新的法律制度保护难以纳入版权保护范围的新信息财产。

第二,版权遵循传统知识产权的制度功能,从公权和私权的角度将版权定位为一种私权,并依据私权神圣原则设定利益平衡原则。版权的制度功能是保护创作者利益,通过赋予创作者信息专有权来激励创作,满足社会对知识产品的需求。版权制度的正当性是维护了人对其劳动成果享有的天赋权利。而信息产权则倾向于功利主义,旨在提高信息的利用效率。以作品的复制为例,版权为了保护作者权利,除合理使用情况外,复制必须经过作者的同意并支付报酬,否则侵犯作者的财产权。而在信息产权范畴,因为其主要功能是信息的高效率使用,制度便会是:可以不事先获得许可,只需在给当事人造成损害时承担赔偿责任①。

2. 版权与国家秘密权是私权和公权关系

国家秘密总体上是指与国家安全和利益相关的信息,如俄罗斯将国家秘密界定为军事、外交、经济、情报、反间谍和侦查领域受国家保护,其散布可能损害国家利益的信息②,美国将关于

---

① 参见蒋瑞雪:《信息产权与知识产权的比较》,《安庆师范学院学报》2008 年第11 期,第16 页。
② 参见国家保密局法规室:《外国保密法律法规汇编》,金城出版社 2009 年版,第69 页。

国家领土安全、战略安全等利益的信息称为国家秘密,涉及国防军事、情报、外交、科学技术、经济等领域①。我国《保守国家秘密法》第二条规定,"国家秘密是指关系国家安全和利益,依照法定程序确定,在一定时间内只限一定范围的人员知悉的事项",国家秘密是关系国家安全和利益的事项,这是国家秘密的本质特征②。

(1)财产权范畴中的国家秘密权

若某客观事物能够产生某种可为人力控制的利益,且该利益不足以满足所有需求而可能引发利益冲突,即具有有用性、可用性和稀缺性的事物可能被设定某种权利③。国家秘密显然符合上述三条标准,满足设定权利的要求。在我国,《保守国家秘密法》《政府信息公开条例》《档案法》《刑法》等法律文件对国家秘密的使用与保护进行了规定,依照这些法律规范,我国的国家秘密权至少包括以下权能:占有权,国家指定机关是国家秘密的合法占有人,其他主体不得擅自获悉国家秘密;使用权,国家机关享有自己使用及授权他人使用国家秘密的权利,授权许可使用须依法履行申请—审核—批准的法定程序,使用方式包括复制、记录、存储、研发、制作等;处分权,国家机关根据其与国家利益与安全的紧密程度决定是否秘密,享有决定秘密是否属于

① 参见王锡锌:《政府信息公开语境中的"国家秘密"探讨》,《政治与法律》2009年第3期,第4页。
② 保密法比较研究课题组:《保密法比较研究》,金城出版社2001年版,第118页。
③ 参见朱谢群:《我国知识产权发展战略与实施的法律问题研究》,中国人民大学出版社2008年版,第24页。

国家秘密的能力,设定相应密级或解除密级的能力;请求权,当国家秘密被非法侵犯时,国家机关可自己进行行政救济,也可请求司法部门给予司法救济。

对于国家秘密的法律性质,传统上认为其属于公权力,2009年"力拓案"某种程度上促使我们发现国家秘密的财产属性。"权利的属性,取决于权利的基本内容而不是权利的产生方式"[①]。国家秘密权从其内容看应当属于财产权的一种,但这种财产并不是民法意义上的私人财产,而是国家私财产。1833年,第戎法学院院长 V.普鲁东在其著作《公产论》中首次系统阐释了国家公财产理论。进入 20 世纪,无形财产被纳入国家公财产范畴。总体而言,公财产理论将国家财产按照使用目的进行区分:直接为公众使用或为公共利益目的由国家机关使用的财产为公财产,其他则为国家私财产。公财产只能由国家直接使用,权利不得转让;而私财产则可将使用权让渡他人以增加收益。[②] 有国内学者也认为,国家财产可分为专属于国家所有的财产和非专属于国家所有的财产,前者是指国家对城镇土地、河流、矿藏、海域、军事设施等享有的所有权;后者指其所有权亦可为国家之外的主体所享有的动产或者不动产[③]。

国家秘密是国家所有的财产,其他主体在生产活动中如获

① 吴汉东:《关于知识产权私权属性的再认识——兼评"知识产权公权化"理论》,《社会科学》2005 年第 10 期,第 62 页。
② 参见王智斌:《行政特许的私法分析》,北京大学出版社 2008 年版,第 38—39 页。
③ 参见尹田:《论国家财产的物权法地位——国家财产神圣不可侵犯不写入〈物权法〉的法理依据》,《法学杂志》2006 年第 3 期,第 10 页。

悉国家秘密,如商业地质勘查中测绘形成的地质资料可能构成国家秘密,持有人并不能成为这些国家秘密的权利主体,持有人占有、使用秘密的行为不得侵犯国家秘密权。其次,国家秘密的使用虽然于国家利益有着紧密关系,但却不是必须直接用于满足公共目的。能够以其他方式如税收、投资分红等增加财政总量,间接实现公共利益是国家私产的特征。国家秘密的使用具有此特征。因此,我们基本可以将国家秘密权界定为是一种以国家私产为对象的国家财产权。

(2)版权与国家秘密权的区别

版权与国家秘密权的根本区别在于它们分别属于私权和公权。"公权与私权的划分,与权利本身的内容(是否为财产权利)毫无关系,关键在于其权利创设所依据的法律性质以及其表现的利益性质如何"①。凡是私法创设的权利为私权,公法创设的权利为公权。② 权利表现的利益性质为私人利益而非国家公共利益的为私权,利益性质为国家利益或公共利益的为公权。③

按照目前主流学术观点,版权的性质是私权,而国家秘密权直接关系国家利益和安全,来自于行政法和刑法,其性质应为公权。由此出发,版权和国家秘密权在权利主体、救济方式和目的上有所不同:(1)主体不同。版权的主体以自然人和法人为主,

---

① 尹田:《论国家财产的物权法地位——国家财产神圣不可侵犯不写入〈物权法〉的法理依据》,《法学杂志》2006 年第 3 期,第 11 页。
② 参见胡长清:《中国民法总论》,中国政法大学出版社 1997 年版,第 39 页。
③ 参见王涌:《私权的分析与建构》,《中国政法大学》1999 年版,第 40 页。

而国家秘密权的主体主要是国家。（2）救济方式不同。版权的救济方式包括民事、行政和刑事救济，而国家秘密权不能通过民事方式救济。（3）目的不同。版权和国家秘密权的权利客体都是信息，但版权旨在解决通过权利配置解决创造性激励不足问题，以提高信息利用效益为目的。而国家秘密权旨在通过保证国家对信息的专有权限制信息扩散与利用，以提高信息封闭性为目的。

3. 版权和商业秘密权是交叉的信息财产权

如前所述，知识产权、信息产权和国家秘密权都是以信息为对象的权利，但信息产权是新型权利，其理论研究和制度践行都有待完善。我国现行法律制度中没有成熟的信息产权保护机制。而国家秘密权仅保护关涉国家安全和利益的信息，将部分不涉及国家密级要求或超出保密期的地质资料排除在外。并且，国家秘密权保护是公法救济，与地质资料产权化的私法保护无论在保护目的、利用方式、保护重点等方面均存在显著区别。相较而言，知识产权制度的理论完成度较高，属于私权范畴，符合地质资料社会化、产权化服务的要求。

版权和商业秘密权都属于知识产权范畴，本质上是信息财产权，但两权对权利客体的标准有所区别。版权以"独创性"为保护的唯一标准，而商业秘密权以信息具有"保密性"为必要前提。就地质资料而言，版权要求地质资料创作者对地质资料投入基本的智力劳动、地质资料具有一定的"信息增量"便可，而商业秘密权要求地质资料权利人采取合理保密措施，若一定范围的公众可能知悉或已经知悉地质资料内容,则地质资料便不再属于商业秘密。从制度功能看,地质资料版权以鼓励信息旨在鼓励信息共享,而商业秘密权的主要目的是保护信息所有者的保密权,防止信息泄露。比较两种制度,地质资料信息服务集群化产业化是构建地质资料法律制度的社会背景,信息服务的集群化是以地质资料社会化共享为前提,商业秘密"保密性"的要求并不利于此目标的实现。在知识产权制度中,版权比商业秘密权更能满足我国信息服务产业化需求。

(二) 地质资料版权是地理信息服务的基础性平台

我国法学家张文显教授认为,权利是整体法律体系的逻辑基石,现代法治的基本精神便是权利本位[1]。"一切法律问题,说到底都是权利义务问题"[2],"权利构成法律体系的核心,法律体系的许多因素是由权利派生出来的,由它决定,受它影响,权利在法律体系中起关键作用。在对法律体系进行广泛解释时,权利处于起始的位置;是法律体系的主要的、中心环节,是规范的基础和基因"[3]。

地理信息服务机制要走向法治化,就需要以地质资料权利为基础,将地质资料的管理利用体现为一套逻辑严密的行为规

---

[1] 张文显:《"权利本位"的语义和意义分析——兼论社会主义法是新型的权利本位法》,《中国法学》1990年第4期,第24—32页。

[2] 参见郑良成:《论法治理念与法律思维》,《吉林大学社会科学学报》2005年第4期,第4页。

[3] 马图佐夫:《发展中的社会主义法律体系》,《苏维埃国家与法》1983年第1期,第21页。

范体系的创立、运行、维护动态过程。从体系构建的严密性讲，地理信息服务以地质资料为客体，以地质资料的创制、管理、利用为环节，地质资料是地理信息服务的主线索，地理信息服务法治化的权利基础只能以地质资料为中心，以地质资料权利为起点。在制度设计上，要以地质资料权利为目的去设定相关义务，设定义务的目的是为了保障地质资料权利的实现。在权利和权力的关系上，权利是权力配置的目的和运作的界限，权力配置和运作只有在有利于权利的情况下才具有合法性与合理性。其次，要以地质资料权利作为整个法律规范系统的逻辑基点，将地质资料权利贯穿到各个法律环节，体现到每个法律关系中。通过地质资料权利来界定地理信息服务中的各方利益，梳理地质资料创作者、管理者、使用者、投资者和社会公众的相关关系，使地质资料权利成为支撑地理信息服务机制的力量原点。在新的法治战略背景下，地理信息服务机制法治化还需要主动运用法治思维和法治方法，将权利本位思维体现到具体工作中，将地质权利作为改革制度、解决问题的起点，从地质资料权利类型、权利范围、权利保护出发规范地理信息服务涉及的权利与权力、权利与义务关系。

如前分析，地质资料的信息财产保护，除了版权还有信息产权、国家秘密和行业秘密等几种方式。虽然地质资料有版权、商业秘密、国家秘密等多种权利保护模式，但作为承担地理信息服务机制的基础性平台，笔者认为，地质资料版权是最佳选择。地理信息服务机制是按照市场规律进行地质资料的生产、开发和利用,机制需要在地质资料商业利用和公益服务间做出有效的平衡。地质资料虽然可承载物权、版权、信息产权、国家秘密权等多种权利,但作为基础的权利需具有促进地理信息共享、激励地理信息开发的双重功能。从版权和其他权利的对比我们可以发现,地质资料版权相对能较好满足这一要求。

世界范围内,澳大利亚、英国、德国都承认地质资料受版权保护,并以版权为基础建立地质资料管理利用战略。澳大利亚以《版权法》和《版权法修正案》为基础建立地质资料版权法律制度,澳大利亚的地质资料版权主体涉及地球科学部、合作者、投资者,但最终通过许可使用制度,由地质勘查局具体行使。版权类型有公共版权和普通版权两种。澳大利亚地质勘查局(GA)承担国家的地质勘查工作,隶属于地球科学部,地球科学部对地勘局制作完成的地质数据和材料持有公共版权。普通版权主要包括由第三者投资形成以及地质勘查局和其他单位合作完成的地质资料,前者的版权由投资者享有,后者的版权由地勘局和合作方共同持有。但在资料汇交时,投资者以及合作方应签署版权许可使用证书,授予地球科学部独占使用许可权,地球科学部可被视为继受作者。原作者基于授权丧失这些资料的财产权,但仍享有人身权,如署名权等,投资者和合作方可在原范围内继续使用地质资料,但不得复制、发行、允许第三方使用。①社会公众欲使用这些资料时,应以在线方式向地球科学部申请

---

① See GA,copyright about us,http://www.ga.gov.au/copyright.html.

作品使用许可证。在地质资料使用过程中,使用者应在显著位置标明地质资料的版权人,使用者如果有改变或转换资料,需要标明资料以 GA 的数据为基础。①

德国《著作权法》第七条规定"著作的创作者是著作人",只有在作品产生过程中投入智力活动、与作品有直接的精神关联的人才可享有版权。因此,不论是国家投资或社会投资产生的地质资料,其版权都属于德国地质调查局(BGR)所有。虽然德国《著作权法》承认合作作品,数人合作完成的作品版权归创作人共同所有,但德国《General Standard Terms and Conditions》(GSTC)法案却否定了地质资料合作方的版权。该法案第 3 条专门规定,地质资料的合作伙伴不享有版权,只能根据著作权法第 31 条享有用益权,且是单项非专有的简单使用权,合作方只有经行政特别授权程序才可允许第三人接触地质作品。在德国,地质资料版权自产生始便归属于国家,德国 BGR 是地质资料的唯一版权主体,除非因为教育或非商业目的复制而无需 BGR 许可外,其他任何使用地质资料的行为都应以书面形式向 BGR 申请,取得许可证书后才可实施。②

在英国,根据皇家版权(crown copyright)的规定,政府投资的地质资料以及派生资料版权归属于英国地质调查局(BGS)的上级机构自然资源委员会(NERC)所有,未经版权所有者的事

---

① See GA, cogyright information board, http://www. ga. gov. au/image _ cache/GA18342.pdf.
② See BGR:Copyright2010AllRightsReserved, http://www. bgr. bund. de/DE/Themen/Lizenzbedingungen.html.

先书面许可,不得对上述任何资料进行再生产或以任何形式转让或存储在任何性质的检索系统内。NERC 授权 BGS 管理利用地质信息,BGS 的知识产权管理员可以签发许可证,授权社会申请人接触、使用地质资料,以及收取相应的版税。①

澳大利亚、德国、英国等国家在地质资料版权管理与利用方面积累了比较成熟的经验,将在第三节进一步介绍。除域外实践支撑外,我国现行的法律制度已经认可地质资料版权,这也为地质资料版权的确立和运用奠定法治基础。我国多部法律文件确定地质资料版权保护原则,"涉及国家秘密或者著作权的地质资料保护、公开和利用,按照保守国家秘密法、著作权法的有关规定执行"②,"国家基础地理信息数据是具有知识产权的智力成果,受国家知识产权法律法规的保护。获得国家基础地理信息数据的使用部门、单位和个人,未经提供单位许可,不得以任何方式向第三方提供或者转让。任何部门、单位以及个人未经许可而使用国家基础地理信息数据的行为,是侵权行为"③等。我国现行地质资料管理机制也有运用版权的先例。

总体而言,我国现行法律制度在地质资料版权方面有相对良好的运行基础,加之澳大利亚等国家提供的制度参考,将地质资料版权作为地理信息服务制度的权利基础,有利于减少制度探索风险,降低制度运行阻力。

---

① See BGS: The Copyright Of BGS Maps, Publications And Other Documents, http://www.bgs.ac.uk/Mendips/copyright.html.

② 《地质资料管理条例》第十六条。

③ 《国家基础地理信息数据使用条例》第八条。

二、为地理信息服务类型化发展提供法律支撑

（一）理顺地理信息投资、管理、消费等各方利益关系

产权明晰是地理信息公益服务和产业发展的前提。地质资料版权作为地理信息服务的权利平台，为梳理、界定地理信息服务的各方利益关系提供依据。

如前所述，我国地理信息服务在性质上分为公益性和商业性。因为地理信息产品的创制有渐进特征，即必须以大比例尺地图为地图，在地图基础上根据客户特定需求进行加工，大比例尺地图是支撑地理信息产品的基础材料。但因为绘制大比例尺地图有严格的资质限制，对资金、人力的要求较高，还涉及国家地理信息安全因素，世界范围内的大比例尺地图等基础性测绘工作都由国家承担，国家投资完成的资料免费向社会公布。因此，地质资料公益服务是产业发展的基础，只有提高了公益服务的效率和质量，提高我国地质资料共享程度，才能从根本上解决地理信息产业的"原材料"问题。但相较于我国基本成熟的地理信息产业市场，以地质资料馆藏机构为主的公益性服务机制存在的问题比较多，公益性服务的管理模式、服务理念带有较深的计划色彩，和地理信息产业的市场需求有较大差距。其中的关键问题之一，是汇交后地质资料产权性质不明、产权关系不清晰，进而影响到地质资料的利用和维护。

地勘行业改革后，地质资料投资方式出现多元化，除了国家

独立投资外,还有社会独立投资、社会和国家合作投资等形式,地质资料创作从接受国家命令的计划管理模式转向项目委托、合资合作等市场化模式,地质资料从国家秘密成为市场交易的信息产品。地质资料涉及国家、社会投资方、地勘单位、使用者等多方社会主体。地理信息服务的实质是向社会公众和特定群体提供地质资料,允许其通过阅读地质资料获得所需要的地理信息,这其实是地质资料版权的创作、许可使用过程。地理信息服务在性质上属于版权产业的一部分,并且是直接以版权为生产资料的核心版权产业。地理信息服务机制可以地质资料版权为中心划定地理信息产品创作过程中的权利与义务、权利与权力的界限。以保护地质资料复制权、传播权、收益权为线索,围绕地理信息产品的使用方式、利用程序、收益特性,设计地理信息产品的权利变更程序、管理程序和救济程序等,赋予地理信息产品受保障的权利预期,从而理顺各方权利、义务、责任,建立地质资料的权利归属、权益分配制度。

(二) 激励地理信息创作

地质资料所揭示的地球物理信息和其他信息一样,具有无形性、易扩散性、传播性的特点,面临着信息开发利用的共性难题:没有有效的流通传播,地理信息的价值无从实现,地质资料持有人缺少公开使用资料的主观动机;但地理信息在传播中会面临信息解封后脱离持有人控制,处于公共领域而丧失经济价值,如果没有有效机制保证资料持有人对地理信息的专有权,资料持有人出于保护财产目的往往选择严格控制资料接触范围,防止地理信息的流动传播。潜在的资料创作者也会因为未来收益的不可保障,拒绝进入地质勘查行业。地理信息产权缺失导致的直接后果是社会领域地质信息的缺乏,阻碍地理信息产业发展。

"只有通过在社会成员间相互划分特定资源使用的排他权,才会产生适当的激励"①。地质资料的财产价值渊源在于其揭示的地理信息,客观存在的地理信息超出普通人群所能知晓的范畴,地质资料的创作必须经历野外实地探测和室内科学研究分析两个阶段,地质工作人员首先需要借助科学技术设备获得地质数据,然后运用物质学、物理学等多学科知识进行实验分析,最终制作成地质资料。创制地质资料所需的高额财力与智力成本需要在资料消费中由社会公众进行弥补。但地质信息是无形的,使用上具有非排他性,可以被多人同时使用或多次反复使用而不损害其经济价值。如果不借助某种人为措施限制消费者接触地质资料,消费者便可以不付费或少付费来利用地质资料,这样,地质资料创作者便无法回收成本甚至获取利益。为了激励地质资料创作热情,满足社会经济生活需求,一些能源发达国家早在20世纪便开始地质资料版权制度的构建,澳大利亚、英国等已经形成相对完善的地质资料进行版权保护机制。

地质资料版权制度中的权利归属与合理使用、法定许可等机制,为地质资料利用划分出公共领域和私有领域,潜在的地质

---

① [美]理查德·A.波斯纳:《法律的经济分析(上)》,中国大百科全书出版社1997年版,第40页。

信息使用者可以要求政府无偿公开公共领域的地质资料,实现地理信息社会共享。对于有社会资本投入的或基于公共安全因素处于私有领域的地理信息,政府可利用版权制度控制地理信息的流动。地质资料版权制度促进地质信息的产生与利用,有助于激励更多的创作者和投资进入地质资料勘查创作领域,产生出更为丰富的地理信息产品。

(三) 协调地质资料信息安全和产业发展的关系

1. 信息安全和产业发展的矛盾

地质资料以数据、线条、颜色、图案等形式表达地理现象,其揭示的地理内容涉及军事设施、矿产分布、国家边界等。为保护国家信息安全,我国对地质资料的管理利用一直采用严格控制的保密制度。这种做法虽然有利于信息安全,但却损害了地质资料的经济效益发挥,是造成我国地质资料共享程度低的主要原因之一。地质资料经济利用要求的开放性和国家安全要求的封闭性是一组基本矛盾。在现代科技手段的辅助下,这种矛盾扩大了商业信息和个人信息领域。2003 年,居住在好莱坞的美国公民 Strisand,认为被告 Adelman 采用加强技术拍摄的航空照片十分清晰的显示出他住所的位置及面貌,侵犯其隐私权。法院认定 Adelman 拍摄制作航空地图是正常行使言论自由权,原告的诉求涉嫌滥用隐私权,不应允许①。与 Strisand v.Adelman

---

① See Strisand v. Adelmancaseno: Calwd, http://www. californiacoastline. org/ streisand/slapp-ruling.pdf.

案件相似,2010 年,澳大利亚一些社区居民将谷歌公司诉至法院,认为谷歌员工在制作地图过程中侵犯其隐私权。高科技的地图制作方式可能暴露部分个人信息,并在信息服务中将个人信息置于公开领域之中①。

安全意味着无威胁的状态,而在信息使用中,信息一旦公开便处于公众领域,信息持有人若无强有力力量支持,很难控制信息的传播与扩散,无法避免信息被侵权利用。从本质上讲,地质资料的使用并不必然导致信息安全问题,只有地质资料使用者缺少责任监督,或者地质资料使用者不能明确地质资料使用方式和获利方式时,才会产生信息安全问题。我国保守国家秘密法等对地质资料使用设置了比较完备的行政、刑法责任,但地理信息服务市场化经营中的民事责任比较薄弱。地理信息服务机制还需完善私法救济途径,协调产业发展的信息安全的矛盾。

2. 地质资料版权在保障信息安全的前提下促进地理信息利用

通过地质资料版权许可使用、法定使用、合理使用等制度,地理信息服务提供者可以为信息利用者设定私法层面的责任和义务。一般意义上,这些制度的功能是解决作品创作者、使用者和传播者的利益冲突关系,以实现社会效益和作者效益、长远效益和短期效益的共赢,但在地理信息服务中,这

---

① 参见江淮在线:《谷歌地图侵犯个人隐私》,http://news.hf365.com/system/2010/06/07/000346558.shtml。

些制度也是信息安全保障的手段。通过在地质资料许可使用协议中加入保密条款,可为使用者设定保密义务。在地质资料增加版权安全技术措施和权利信息后,可以实现跟踪地质资料使用情况的目的,即使在法定使用和合理使用等情形下,使用者对地质资料做出侵犯版权的违规行为时也可追究责任,从而保护地质资料信息安全。宏观上,地理信息服务机制可通过地质资料版权确定信息安全优先产业发展的原则,地理信息公益服务和产业发展不得威胁国家安全、商业安全和个人信息安全;微观上,和国家保密法、反不正当竞争法等结合,通过规范地质资料版权许可使用、合理使用等行为为地理信息产品开发利用提供最大空间。

第三节 地理信息服务运用地质资料版权的域外实践

一、英国

(一) 职能机构

1. 自然环境研究委员会(the Natural Environment Research Council,简称 NERC)

英国自然环境研究委员会成立于 1965 年,是英国政府七个研究委员会之一。委员会基于《英国皇家宪章》授权,负责环境科学领域的独立研究、调研、培训和知识传播,收集和应用相关领域的知识,推进知识技术进步,为公众关注环境研究提供平台,鼓励公众参与和对话,并对环境领域的社会活动提供建议。① 委员会以投资方式支持研究机构工作,每年大约有2亿多英镑的预算,其中50%投向大学,50%投向下属的研究机构。

英国《版权法》(1988年)第一百六十三条规定,"若作品系由女王陛下创作或由王室官员或公务员在执行职务过程中创作所有政府文件……"都属于皇家版权(crown copyright),未经政府的许可,他人不得使用这些作品。NERC是政府机构,工作性质是履行行政职能,因此,NERC所投资机构获得的研究成果,将根据版权法产生皇家版权,NERC要求所有成果须标注"© crown copyright",由其负责成果的版权保护和利用。

2. 英国地质调查局(The British Geological Survey 简称BGS)

英国地质调查局是NERC的一部分,接受委员会投资开展地质勘探方面的测绘、研究工作,机构负责的网站提供地质资料查询、下载、借阅等业务,是地理信息服务的主要机构。地质调查局的工作任务之一是按照NERC授权,积极进行地质资料知识产权保护和地理数据开发,制定地质资料服务和利用的政策,以保护和最大限度利用、开发地质资料。

按照版权法规定,英国地质调查局工作获得的地质资料

---

① NERC:About us,http://www.nerc.ac.uk/about/html。

（包括书籍、地图、报告、导航图、3D地图、照片、图文交叉、图纸和其他材料）等都属于皇家版权的范畴，由NERC授权持有并授权BGS负责保护和开发。BGS所公布的资料中，部分可以免费下载，收费资料按照资料数量、许可证类型等并支付相应费用。地质调查局下设专门知识产权管理办公室处理版权事务，办公室设有知识产权管理、版权许可证、数据许可和服务、版权服务四个科室，处理审核和签发版权授权许可证、数据许可证的颁发、资料和数据的衍生服务等。

3. 其他机构

起源于1747年的英国地形测量局（Ordnance Survey，简称OS）的性质是英国政府行政机构，主要专责英国本土公共地图制作。相较于英国地质调查局，地形测量局的业务范围集中在地图绘制，服务内容较少。2010年，测量局推出的OS OpenData地图库系统采用"开放政府授权模式"受到广泛关注。测量局以CC3.0协议为基础制定服务协议，允许公众自由免费地再利用测量局在data.gov.uk网站上公布的信息，包括信息的商业化利用，但要求信息使用者必须标注版权和数据来源。

英国公共部门信息办公室（OPSI）负责英国政府大部分知识产权的管理，承担许可、指导和管理皇家版权信息的再利用。OPSI的服务范围涉及全英政府的所有信息，并不是英国地理信息服务的专职机构。服务模式采用"点击—使用"许可证模式，与英国地质调查局的书面申请有所不同。

（二）法律背景

1. 版权法

英国版权法是英国地理信息服务的基础制度。英国版权法确立了地质资料服务的权利基础,建立以版权许可使用为基础的地理信息服务方式。世界范围内地质资料的信息服务体系,因为对政府作品的不同理解形成两大阵营。一是以美国为代表的,基于政府作品是公共财产而拒绝给予政府作品版权保护,主张在信息完全自由的基础上建立无界限的共享服务体系;二是以英国为代表的,主张政府作品应享有版权,并依据版权确定政府在地理信息服务中的地位、权利和义务,以及地理信息共享和利用的"公共领域"界限。英国地理信息服务机制是以地质资料皇家版权为基础建立的系统工程,地质资料的版权归属、版权许可使用、版税、使用例外等版权制度贯穿到 BGS 的地理信息服务机制中,为地理信息服务搭建其权利基础。

2.《公共部门信息再利用规则》

欧盟颁布《公共部门信息再利用指令》后,英国在 2005 年率先制定了《公共部门信息再利用规则》,以及相关配套文件《公共部门信息再利用:规则和最佳实践指南》《公共部门信息规则指南解析》《费用和收费指南》《信息收费:时间和方式》等。为保障公共部门信息再利用的实施,英国政府在国家档案馆设置专门机构——公共部门信息管理办公室(OSPI),作为英国信息政策的中心,制定引导公共部门信息再利用的政策;监督信息公平贸易计划的执行,提高公共部门信息交易的质量,并处理相关投诉问题;许可、指导和管理皇家版权信息的再利用;开发新的技术解决方案和模式,以促进公共部门信息的再利用。[①]2013年欧盟对《公共部门信息再利用指令》进行修订,从公共信息再利用的范围、收费、许可、隐私权保护、豁免公开的信息、实施方式等方面对《指令》进行了补充和完善。[②] 英国于2015年颁布《公共部门信息再利用规则》修订稿,按照欧盟新指令要求加大政府信息公开程度,为挖掘、利用政府数据提供便利。

对于英国地理信息服务机制,公共部门信息再利用指令构成了版权法的补充。版权法是通过授予作者对作品的垄断专有权以鼓励创作,"给天才之火浇上利益的油",在此基础上平衡作者和社会公众、传播者、使用者的利益关系。版权法虽以促进精神财富的创作和共享为目标,但因其以版权的垄断专有为基础,近年来又有版权范围扩大化趋势,在一定程度上阻碍了作品的传播和再利用。公共部门信息再利用在最终目标上和版权法是一致的,都是通过垄断促进信息共享与传播,两者在制度层面是互补关系。但在追求目标的路径上,公共信息再利用指令采用更直接和明确的方法,直接要求政府信息公开收集、保存的信息,2013年新指令进一步将公开范围从文本信息扩大到政府数据。信息再利用指令并不否认政府信息和政府数据的版权保

---

① 参见陈雅芝:《欧盟地理信息再利用的有效实践与启示》,《情报资料工作》2011年第6期,第61页。

② 参见迪莉娅:《欧盟新公共信息再利用指令研究》,《图书馆学研究》2014年第23期,第64页。

护,只是在版权利用方面进行了改革。目前英国的地理信息服务机制,在服务理念上受到公共部门信息再利用指令的影响较大。地质调查局作为英国政府机构,接受 OSPI 的业务指导。针对地质资料的商业性、非商业性使用分别颁发许可证,简化许可证的申请程序,公开许可证收费标准等旨在促进地质资料公开度、透明度的措施,都和信息再利用指令有关。2013 年的信息再利用指令确定政府可以从信息使用中收费以弥补政府投资,地质调查局的收费也遵循这一原则,BGS 确定地质资料的商业性使用收费可以高于成本,由知识产权管理办公室确定。①

3. 其他

为执行欧盟 1996 年《关于数据库法律保护的指令》,英国通过了 1998 年《数据保护法》(The Data Protection Act 1998)。此法加强并延伸 1984 年《数据保护法》中数据保护机制,就取得、持有、使用或揭露有关个人数据处理过程等方面提供新法规范。《数据保护法》以及欧盟关于数据库的系列指令,对地质调查局提供数据服务的版权管理依据。

此外,1998 年《竞争法》等商事法律对地质调查局提供商业性许可证也有约束作用。地质调查局在加入 IFTS 计划时,便宣布将遵守竞争法的规定,建立公正、公平、透明的商业服务机制。

---

① See BGS:Information deliveryand license, http://www.bgs.ac.uk/gsni/tell s/con-ference/pdf/4.4 markpatton.pdf.

（三）主要制度

鉴于英国地质调查局是英国地理信息服务内容最主要的机构，以下主要分析 BGS 的地理服务内容。

1.地质资料版权许可使用证

英国地理信息服务主要通过版权许可证方式进行。公众获取、使用 BGS 提供的地质资料，需事先在 BGS 下载授权使用许可证，填完后以电子邮件形式发送给 BGS 的知识产权管理办公室，经过审核获得使用许可后，方可接触资料。BGS 根据版权法规定，对地质资料的商业用途或非商业用途分别发放版权许可证。非商业用途是指除商业用途以外的任何使用方式，如非商业的私人学习、研究和教育活动等，BGS 对非商业用途的使用限制相对宽松，使用人可免费获取或较低成本获得资料，只需承担适当的注意义务和许可证规定的责任。

商业性许可证使用者需根据许可证授权的范围使用资料，并支付相应的使用费。BGS 对于地质资料的商业性使用要求很严格，未经许可不得对任何资料进行再生产或以任何形式转让或存储在任何性质的检索系统内并用于商业用途。许可证分为一次性许可、年度许可、衍生材料版权许可三种类型，其中第一、第二种许可证分别允许使用者一次、一年中多次复制 BGS 的材料，衍生材料许可证则专门针对资料的再利用，即允许使用者重现、使用 BGS 的数据、图像、PDF 文件等。由于 BGS 的一些地图使用军事地图，BGS 规定，若复制此类型地图需额外获得英国地形调查的特别许可证。①

为执行欧盟 1996 年关于数据库法律保护的指令,英国在 1998 年颁布了《数据保护法》(The Data Protection Act 1998)。BGS 也作出调整,规定数据的申请和使用也需申请许可证。数据的商业性使用许可,包括数据以二次加工或增值的方式使用,提供咨询合同的产品或准备公开销售的贸易品时(无论是模拟的还是数字的),数据使用者应向 BGS 支付相应版税,版税的具体数额将基于产品的性质和拷贝的数量。

英国政府在 2014 年出台了新的版权法,新版权法的最大亮点是修改了合理使用制度,增加了文本和数据挖掘例外。所谓文本和数据挖掘,是指通过运用自动分析技术对现有的文本和数据进行分析考察,以便从中发现某种模型、趋势或其他有用信息。② 按照英国 2014 年版权法规定,任何人都可以在无须征得版权人同意的情况下出于非商业目的而对其所读到的材料进行文本和数据挖掘。该法案第 29A 条规定了构成此类例外的条件:第一,行为人必须出于非商业目的,且在实施该行为时已对所使用的信息作了充分的说明;第二,行为人不能将其所用的信息转移给他人或进行其他处理;第三,任何意图阻止或限制对文本或数据进行挖掘的合同条款都不具有可执行力,该规定对地质资料非商业性的数据许可

---

① See BGS:Copyright arrangement, http://www.bgs.ac.uk/about/copyright/arrangement.html.

② 参见郝文江:《基于数据挖掘技术对公安犯罪分析的改进》,《吉林公安高等专科学校学报》2007 年第 3 期,第 112 页。

证同样适用。①

BGS 还向教育工作者和学生发行专门的教育许可证,该许可证也为版权年度许可证,每年发行一次,涵盖科研复制权。教育许可证只能用于教学目的,使用时需注明版权出处,其权利限制包括:(1)不得用于教学目的以外复制;(2)不能出售、发行给外部组织;(3)除非许可证同意的目的,将资料转换到计算机。如果科研机构或教师希望复制利用任何资料,需要另行申请个人许可。许可证的收费大致为 11—16 周岁的学生,20 英镑/年;16—18 周岁,50 英镑/年;18 周岁以上,85 英镑/年;个人一次性许可费用,15 英镑/次。除此之外,地质资料使用人应按照版权法要求,尊重版权人的版权,包括在地质信息上标注版权人、支付版税、不得向第三方提供等。

2. 地理信息服务费

英国地理信息服务执行成本回收原则,按照用户类型、使用方式(内部使用、再生产、再分发)、使用资源的数量和时间制定详细复杂的收费标准。

对于教育用户,按受教育者的年龄区分不同层次的教育机构的收费标准,且费用较低,并明确规定不可用于任何商业目的。一般签订许可的年限越长费用越低,用户越多费用越低。在上述收费的基础上,单独详细地阐述数字数据的政策。数据

① 参见胡开忠,赵加兵:《英国版权例外制度的最新修订及启示》,http://www.iprcn.com/IL_Lwxc_Show.aspx? News_PI=2409。

许可费采用每平方公里在图中的面积作为计算的基础,其费用取决于所需区域的比例尺和范围大小。使用成本回收策略进行数据发布的基本前提之一是要有足够有力的版权保护法来保护公共信息免被盗版,同时对于数据的发布,应该与用户签署具有限制性的数据使用协议(例如禁止拷贝、再传播等)。

表 1-2　BGS 年度许可证根据复制资料的规格、数量制定收费标准
(1∶625000,1∶250000,1∶100000,1∶63360,1∶50000,1∶25000 比例尺)①

被提取用于复制的数量规格	A0 * 1	A4 * 1	A3 * 1	A2 * 1	A1 * 1
50 to 99	1.04	1.98	3.75	4.38	10.95
100 to 199	0.94	1.78	3.38	3.94	9.86
200 to 299	0.84	1.61	3.05	3.55	8.87
300 to 399	0.76	1.45	2.74	3.19	7.98
400 to 499	0.69	1.30	2.47	2.87	7.18
500 to 749	0.62	1.17	2.22	2.58	6.46
750 to 999	0.55	1.05	2.00	2.32	5.81
1000 to 1499	0.50	0.95	1.80	2.09	5.23
1500+	0.45	0.86	1.63	1.88	4.70

3. 版权标记

BGS 要求,地质资料使用者在使用、转载地质调查局资料时,必须作出版权标记。第一,复制资料,需注明"复制获得英国地质调查局 NERC 的许可,英国地质调查局保留所有权利"。

① See BGS: Copyright Publish, http://www.bgs.ac.uk/about/copyright/published_cost.html.

第二,从数据、草图、插图、图表、地图中提取全部或部分作为基础衍生形成其他插图等材料时,需在材料中注明这些资料来自英国地质调查局,样式为:本资料基于(资料版权的具体细节),已经获得 BGS 许可(Based upon[source details],with the permission of the British Geological Surve)。第三,任何从 BGS 材料中衍生获得的产品与服务,或者由 NERC 及其雇员提供的产品或服务,在复制时都要有明确的或暗示的类似标注。①

4.信息公平贸易计划(Information Fair Trader Scheme,IFTS)

英国政府在 2005 年颁布《公共部门信息再利用规则》后,英国国家档案局下属的公共部门信息认证办公室(OPSI)推出了信息公平贸易计划,该计划旨在落实档案部门政府信息的开放和透明程度。BGS 在 2010 年宣布加入该计划,提出三个目标:(1)要最大化利用英国地质调查局的地理信息,以尽量减少行政负担;(2)要引入商业模式开发地质调查局的地质资料,对地质资料进行商业定价和商业运作;(3)建立一个简单的、开放和透明的交易系统,保证公众能方便快捷地获得许可证。

BGS 按照上述三个目标改革逐步形成目前的服务机制。2015 年,英国政府对《公共部门信息再利用规则》进行了修改,要求进一步强化公共部门信息的公开、透明程度。按照新规则的要求,BGS 的下一步工作仍是信息利用的最大化和公开化问

① See BGS:Publish,http://www.bgs.ac.uk/about/copyright/acknowledgements_published.html.

题。包括:第一,保证许可证权人能重复使用信息,除非该信息
涉及个人隐私等强大理由;第二,进一步简化申请流程,提高许
可证审核办法效率;第三,提高地质资料和地理数据的再利用效
率,消除再利用的障碍,为促进地质资料的利用创造条件;第四,
增加许可证的透明度,包括许可证的申请条件、使用限制、费用
的细节信息;第五,公平公正地对待信息使用者,对政府部门、商
业机构的信息申请一视同仁。①

二、澳大利亚

(一) 组织机构

1. 澳大利亚地球科学部(Geoscience Australia,GA)

澳大利亚提供地理信息服务主要网站 www.ga.gov.au 由
澳大利亚地球科学部建立并负责。地球科学部是澳大利亚联
邦政府下设机构,前身是 1910 年成立的澳大利亚调查办公
室,主要职能是测量澳大利亚首都的地形。2001 年,澳大利亚
测量和土地信息集团(AUSLIG)和澳大利亚地质调查组织
(AGSO)合并,组建澳大利亚地球科学部。AUSLIG 的职能是
提供国家地理信息,包括为政府和行业提供卫星图像,AGSO
侧重地质勘查、矿产勘查等。地球科学部接受了两大机构的
全部职能,目前是澳大利亚最主要的地理信息服务部门,职能

---

① See BGS,About,http://www.bgs.ac.uk/about/ifts.html.

范围除传统的矿产资源勘探、地质勘查、卫星探测等资源领域,还扩展到气候变化影响,地下水研究,海洋和沿海研究,碳捕获和储存、植被监测以及地球从太空观察、海洋能源等广泛领域。① 澳大利亚地球科学部的工作网站包含了资源、能源、旅游等多种地理信息的服务平台,提供地图、地图集、统计数据、图书和期刊、地质文献、航拍图像、3D 图像等数十种类型的地质资料,并具有地理信息的采集收集、系统整理、修改维护以及数据库的日常维护的职能。

2. 其他

除澳大利亚地球科学局负责全国性的自然资源和环境可持续管理外,其他一些机构对地质资料信息服务提供补充。在联邦层面,主要有地学信息管理与应用委员会(CGI)、政府首席地质学家委员会(CGGC)、政府地学信息委员会(GGIC)、政府地学信息咨询委员会(GGIPAC)等,它们负责制定服务政策,并不直接向公众提供地理信息。② 澳大利亚实行联邦制,各地方政府自然资源部门下辖的地质调查局在行政管辖范围内,负责收集和管理本地的地质资料,为社会公众和工业界提供服务,如昆士兰州地质调查局、西澳大利亚州地质调查局等。③ 但因层级所限,在服务和内容上与 GA 有一定差距。

---

① See GA,History,http://www.ga.gov.au/about/who-we-are/history.

② 参见赵伟:《澳大利亚地质资料信息服务现状及对我国的启示》,《中国矿业》2013 年第 7 期,第 55 页。

③ 参见朱卫红、丁辉、石小亚等:《国外地质资料信息服务的经验及其启示》,《科技情报开发与经济》2010 年第 28 期,第 122—124 页。

（二）法律背景

1.《版权法》

澳大利亚和英国一样承认政府作品。截至 2015 年,GA 仍依照 1968 年《版权法》确定地质资料的版权归属、利用等问题。《版权法》(1968)第 35 条规定:"文学作品、戏剧作品、音乐作品及艺术作品的作者是版权的所有者。如作者基于协议的创作、受雇于单位的职位作品等,这种以协议或雇佣关系为基础的创作,其版权是属于协议的提出一方或雇主的。"根据该规定,GA 的地质资料分为两种:一是由 GA 自行组织的搜集、制作、整理,二是由社会公民、其他机构组织单独或合作收集,上交而得的资料。按照版权法规定,第一种地质资料的版权所有人为澳洲政府,标注有"© 澳大利亚联邦(澳洲)2015",使用中还需注明"材料提供者:澳大利亚地球科学部"。第二种是地球科学部和其他组织或个人联合测绘形成的地质资料,这种方式比较少见,但地球科学部仍按照版权法规定进行了规范。此类型作品基于地球科学部的提议而创作,所以版权属于澳大利亚政府,仍标志"© 澳大利亚联邦(澳洲)2015"字样,但在使用中需注明"材料提供者:澳大利亚地球科学部,合作者 *"字样。①

澳大利亚版权法所规定的许可基本分为两种类型:(1)一般许可。(2)对与联邦或国家行为有关的人给予的特殊许可。

---

① GA:Copyrihigt,http://www.ga.gov.au/copyright/html.

版权法第一百八十三条规定:"联邦或国家行为、联邦或国家授权之人的行为以及为联邦或国家服务的任何行为均不侵犯本法所保护的客体之版权。"

澳大利亚地球科学部的地理信息服务提供的许可证,按照版权法规定分为为一般公众提供的一般许可和特定情况下为特殊群体提供的特别许可。一般许可是指经版权所有人的授权或允许而使用版权作品的许可行为,源于《版权法》第十五条规定,"根据本法规定,从事经有约束力的版权所有人授权的行为应被视为已受版权所有人的许可"。在一般许可下,被许可人可以从事复制、出版、演绎、传播、改编、再创作等版权行为,并且受版权法的保护。GA 要求,用户使用地质资料必须经版权人同意,若没有更改文本、计算浮动百分率、图形或图表数据、提取新公布的澳大利亚地球科学的统计数据等方法修改或转化澳大利亚地球科学材料的,都应注明资料来源于澳大利亚地球科学部。而对于用户已经修改或转化了的来自澳大利亚地球科学部的任何方式的材料,即衍生材料,都必须注明"基于澳大利亚地球科学数据"的字样。特别许可源于《版权法》第一百八十三条"联邦或国家行为、联邦或国家授权之人的行为以及为联邦或国家服务的任何行为均不侵犯本法所保护的客体之版权",GA为抢险救灾等政府行为提供了地理信息服务属于此范畴。

2.《信息自由法》

澳大利亚政府早在 1982 年便制定颁布了《信息自由法》,此后分别在 1983、1986、1991 年进行三次修订,《信息自由法》明确政府对其所持有的信息必须以公共目的进行管理,因为它是一种国有资源。《信息自由法》提出创建信息发布方案(Information Publication Scheme,IPS),澳大利亚联邦成立信息专员办公室,具体负责政府信息公开的事宜。IPS 要求政府机构要建立开放式的信息需求反映机制,改变以前"一对一"的单个请求访问,政府应采用积极方法来发布信息。GA 按照 IPS 要求,在 2011 年 5 月 1 日前完成了地理信息的数字化以及在网站上发布。① 除《信息自由法》外,澳大利亚颁布的《档案法》《隐私法》《残疾歧视法》《公共服务法》《澳大利亚信息委员法》《参与:接触政府 2.0》等相关文件或政策,对推动政府信息资源的公共性也有积极作用,为 GA 的地理信息服务走向开放自由提供了法律依据。②

　　GA 地理信息服务体现了信息自由的价值目标。近年来,GA 致力打造一个开放的互联网服务平台,提供了多种 web 服务为公共使用,允许公众访问数据而无需在本地存储数据集。加入了支持各种 web 服务协议,包括开放地理联盟(OGC)服务和 ESRI 几何映射和图像服务。网站在线服务的 NH(DOC)费舍尔地质图书馆收藏了全面的地球科学印刷品和电子格式,包括书籍、期刊、地图,用户(包括单位和个人)也可以在线申请借阅图书馆的资料,图书馆审核资料通过,用户便可借阅资料长达四个星期。用户可以申请图书馆会员,个人和企业的会费分别

---

① See GA:Information Publication Scheme,http://www.ga.gov.au/ips.
② 参见陈美:《澳大利亚政府信息资源公共获取及启示》,《情报理论与实践》2013 年第 8 期,第 125 页。

是110澳元和550澳元;或者用户可以通过电子邮件、传真或图
书馆网站发送借阅资料申请,图书馆会根据其与信息协会馆际
互借资源共享(ILRS)代码来确定服务水平和收费标准。

(三) 主要制度

1.版权许可

澳大利亚地球科学部的服务方式分为网络服务和实体服务
两大类,用户如需要获取岩芯、岩石切片等实物地质资料时,需
向 GA 递交申请表格,在获批后到地球科学部的保管库实地查
看。实体服务不涉及版权,数量较少。以互联网为平台的网络
服务不仅是服务主要方式,也是服务中应用版权较多的领域。
网络服务中,用户在 GA 网站在线浏览、复制、下载 GA 提供的
地质资料产品,并根据产品类型免费或支付费用。GA 提供的
地质资料产品包括地形图、地质数据、石油等矿产资源数据、卫
星图像、3D 图像、出版物等多种类型,除提供资料浏览、下载、复
制等常规服务外,GA 还接受企业、个人的定制服务,包括按照
客户要求加工指定版本的地质图、地学数据集、地球物理图像和
数据、矿产资料等内容。GA 在公布的《地球科学产品目录》中
将其提供的产品和服务分为免费服务和有偿服务。免费服务的
产品,用户可在 GA 网站在线下载,有偿服务需提出申请、经审
核通过并支付费用。①

---

① 参见陈美:《澳大利亚政府信息资源公共获取及启示》,《情报理论与实践》
2013 年第 8 期,第 136 页。

GA 早期提供的地理信息服务要求用户提前申请版权许可证,分为商业性许可使用证书和非商业性使用许可证书,此后引入了"使用创作共用公共许可证"3.0(Creative Commons 3.0,CC3.0)。2013 年,知识共享发布 CC4.0 版本。CC4.0 被认为是目前最具全球化、法律最健全的许可证,适合被政府和出版商授权其出版公共信息和其他数据。① 目前,GA 以 CC4.0 为基础,制定了新的地质资料版权许可证书。

CC 协议的核心是在作者保留一切版权和作者放弃全部版权中建立一个中间地带,通过作者选择保留部分权利以放弃部分版权的方式,寻求作者和社会公众的妥协。CC 协议最初允许作者署名(Attribution,简写为 BY)、非商业用途(Noncommercial,简写为 NC)、不禁止演绎(No Derivative Works,简写为 ND)、相同方式共享(Share Alike,简写为 SA)四项权利中任意选择组合,CC2.0 版本将上述权利打包组合成 6 个模块,包括:署名(BY)、署名(BY)—相同方式共享(SA)、署名(BY)—禁止演绎(ND)、署名(BY)—非商业性使用(NC)、署名(BY)—非商业性使用(NC)—相同方式共享(SA)、署名(BY)—非商业性使用(NC)—禁止演绎(ND)。CC3.0 版本将署名权定位必选权利,CC4.0 则进一步明确了作品的商业性使用和非商业性使用概念,鼓励数据库商使用协议实现数据的共享和挖掘再利用。② GA 发布的最新许可证选择保留署名权,将演绎、使用、共享的

---

① GA:Creative Commons,http://search.creativecommons.org.
② GA:Creative Commons,http://search.creativecommons.org.

权利全部默认授予给用户,是最大程度的版权开放模块。GA
以CC4.0作为默认用户有权使用地质资料的版权许可证,包括
GA网站上的原始资料和衍生材料以及链接材料。但CC4.0的
授权不包括GA和第三方的合作作品,如果涉及材料涉及他人
版权,GA在许可证和网站中均提示,应额外获得版权人的许
可。按照GA的许可证,用户在GA浏览、阅读、下载其公布的
资料时默认获得复制全部或部分地质资料,改编、衍生并分享改
编后地质资料的权利,享有改变资料、数据的存储格式的权利包
括为此进行必要的技术修改、增加技术保护措施。GA要求用
户在使用、演绎资料时必须保留作者保留版权声明和识别作者
身份的信息。

(1)如果没有修改或以任何方式如改变文本、计算百分比
变化、图形或图表的数据、派生新的统计,改变了澳大利亚地球
科学材料,包括但不限于数据、文本和图像,只需在材料上标明
源于澳大利亚地球科学部(Source:Geoscience Australia)。

(2)如果有修改或改变澳大利亚地球科学材料,或基于澳
大利亚地球科学部的资料形成新材料,不论任何方式都必须在
材料中注明:根据澳大利亚地球科学材料(Based on Geo-science
Australia Material)。

2. 收费

虽然GA最大程度地开放其掌握的地理信息,但获取这些
信息并不是无偿的。按照《信息自由法》和IPS方案,公众有权
获取政府信息,因此,GA网站不针对用户收取访问费,但在为

用户提供定制产品和服务时要收取费用。按照《澳大利亚政府成本回收指南 2005》《空间数据访问和定价》制定服务价格,原则是按照投资做全额成本回收。① GA 定期更新并公布《地球科学产品目录》,规范地理信息服务的收费项目和标准。用户购买地质数据资料时,需要通过注册申请账号,并在选定所需资料后填写一份表格,提交到网站的产品中心,产品中心通过用户所订购的资料产品确定价格,用户需要通过规定的方式进行预先付款,付款后便可收到自己所订购的地质资料。地质数据库提供的所有地质资料产品的价格均包括 10% 的商品和服务税以及根据产品重量和目的地计算出的邮资和手续费,这部分的费用是不囊括在版权费中的。用户可以使用信用卡、支票、直接信贷等方式进行预先付款,而且支付的货币必须为澳元,产品中心不仅接受公众个人的订购,同样也接受公司的采购订单。②

三、美国

(一) 职能机构

隶属于美国内政部的美国地质调查局(United States Geological Survey,简称 USGS) 是美联邦政府中唯一的地球科学信息调查与研究机构,负责自然灾害、地质、资源、环境等方面的科学研究、监测、收集和传播,为决策部门和社会公众提供广泛、高

---

① See GA,Copyright,.http://search.creativecommons.org.
② See GA,Order Form,http://search.creativecommons.org.

质量、即时的科学信息。按照美国版权法规定,美国联邦政府的文件不受版权保护,因此,USGS 所提供的地理信息均是无偿公开使用,且没有许可要求。其官方网站被誉为是全球最开放、自由的地质资料网站,其服务模式被许多国家学习借鉴。

除 USGS 外,美国各州政府也有各自的数据库和网站,提供地理信息服务。但因为版权法只规定联邦政府作品不受版权保护,美国一些地方州政府的地质调查局的服务要求版权许可并收取版税,如缅因州、马里兰州。①

(二) 法律依据

USGS 的地理服务体现了美国完全公开的信息共享政策,而这一政策是美国长期的法律和政策引导的结果。作为美国法律最高权威的《联邦宪法》便明确了"公共信息资源是全民财产"的原则。1895 年美国颁布的《印刷法》(Printing Act of 1895)规定联邦政府作品不享有版权。美国 1876 年版权法再次明确版权保护不适用于任何美国政府作品,但美国政府可以接受与持有通过委派、遗赠或其他方式移交给美国政府的版权,同时美国各州可决定是否保护政府作品。美国版权法在 1909、1976 年的两次修订都保留了该原则。

1967 年颁布的《信息自由法》(Freedom of Information Act, FOIA)确定了政府信息除法定豁免外应无偿向社会公开的原

---

① See George Cho:《Geographic Information Science:Mastering the Legal Issues》.

则,1986 年《信息自由法》修订时又提出"完全开放的信息数据
共享政策"和"免费与边际成本收费相结合"的收费原则,国家
投资生产的、不会危及国家安全、不涉及个人隐私的数据和信息
都全部纳入完全开放机制,政府不得从信息公开服务中获取收
益。1990 年《公共信息准则》、1993 年《联邦信息资源管理》再
次明确政府信息是公民所有的财产,除受到法律限制利用的以
外,任何人可以自由使用,政府职能范围内生产、收集、加工信息
的成本不得转嫁给用户,对用户使用信息产品所收取的费用必
须控制在补偿信息分发成本的水平上,且收取费用不得包含最
初收集和处理信息的成本。

（三） 主要制度

USGS 的地理信息服务以公开无偿为原则,除了《信息自由
法》《版权法》等法定免除公开的地质资料,以及涉及国家秘密、
个人隐私的资料,都在网站中无偿公布。因地质资料不受版权
保护,用户可以自由复制、下载、改编地质资料,而不需要注明地
质资料的出处和作者信息,也无需申请许可证、支付版税。按照
《信息自由法》规定,若用户认为 USGS 有应公布的资料而没有
公布时,可以向 USGS 提出专门申请,如申请被拒绝可向法院起
诉要求保护其知情权。

第一节　地质资料的概念与法律定位

一、地质资料的概念

（一）法律文件关于地质资料的定义

1963年，国务院批准发布了一部名为《全国地质资料汇交管理办法》的规范性文件，文件虽然没有解释何为地质资料，但作为我国第一部针对地质资料的正式法律，规定了地质资料汇交管理的基本流程和要求，奠定了我国地质资料管理模式的基本轮廓。1988年，国务院批准、地质矿产部颁布《全国地质资料汇交管理办法》（以下简称《办法》），《办法》第一条简要指出：地质工作成果资料简称地质资料。虽然《办法》仍没有明确说明地质工作成果的界定,但在附件中列举了需汇交的地质资料类型,包括来自区域、海洋、矿产资源、石油天然气等领域、记载地质状况的地质图件或分析报告等,廓清了地质资料概念的外延。2002 年,国务院颁布的《地质资料管理条例》(以下简称《条例》)是我国立法上第一次明确提出地质资料概念,规定地质资料是在地质工作中形成的文字、图表、声像、电磁介质等形式的原始地质资料、成果地质资料以及岩矿芯、各类标本、光薄片、样品等实物地质资料。① 这按照《条例》第二条及附件所列举的地质资料范围,我国法律上的地质资料可分为原始地质资料、成果地质资料和实物地质资料三种类型。原始地质资料是地质勘查人员对地球物理形态调查形成的第一手资料,如地质观察路线、实测剖面、矿点检查、物化勘探的原始记录和图件等。在原始资料基础上,通过综合分析、科学研究等后期工作形成的研究报告、评审报告、勘查图表、地质结构图等结论性资料属于成果地质资料范畴。原始资料与成果地质资料都要通过文字、符号、颜色、线条及其组合来表现地球物理信息,在直观上表现为文字、图表、声像、电磁介质等物质类型。而实物地质资料是以物质自然形态展现地理事实,与原始地质资料和成果地质资料有着本质不同,我国针对实物地质资料颁行有专门的《实物地质资料管理办法》。

《条例》将地质资料界定为地勘工作形成的实体材料,是从

---

① 参见《地质资料管理条例》第二条。

物质层面对地质资料的理解。2010年,国土资源部发布《推进地质资料信息服务集群化产业化工作方案》(以下简称《工作方案》),从信息资源层面指出"地质资料是地质工作形成的重要基础信息资源,具有可被重复开发利用、能够长期提供服务的重要功能"。从信息与资源的角度界定地质资料,这在我国关于地质资料的法律规范和政策文件中尚属首次。相较于之前物质层面的地质资料,《工作方案》关于地质资料的理解有了突破:①传统的地质资料被认为是国家秘密,其价值在于国家战略安全,而《工作方案》指出地质资料具有满足社会需求的功能,地质资料因此还具有经济价值性。②地质资料的价值具有可重复性、非消耗性、长期性的特点,这是信息财产的根本特征,因此,地质资料的本质是信息资源,而且是具有经济价值的信息财产。③地质资料提供的信息关系国家经济建设和国民日常生活,因此,地质资料是重要的、基础性的信息,地质资料传统的安全价值仍占有基础地位。

我国地质勘查行业的法律规范及规范性文件中,还有一些与地质资料相近的概念,笔者将其分为两大类:第一类是测绘成果、地勘成果、地质调查资料等以成果、资料为后缀的名词。这些名词的内涵和外延与地质资料没有实质差别,但因为立法主体的行业习惯、行政系统等原因,不同行政机关的法律文件形成各自的使用偏好。第二类是信息和数据类,主要有地理信息、地理数据、地理信息数据等,其与地质资料不是相近,而是内容与载体的关系。

在 1977 年颁行的《全国测绘资料和测绘档案管理规定》（已失效）中，提出了测绘资料和测绘档案的概念。这是我国法律体系中最早与地质资料相关的概念。《规定》"测绘生产形成的全部测绘记录、图表、照片、文字说明和成果成图等，统称为测绘资料；凡是本单位测绘生产形成的，具有保存价值，并按一定的归档制度作为真实的历史记录集中保管起来的测绘资料，称为测绘档案"①。测绘资料和测绘档案的概念在我国地质勘查行业中使用多年。这个概念突出了测绘成果具有的保存价值，但对测绘成果的社会价值体现不大。1989 年，国务院颁布《中华人民共和国测绘成果管理规定》（已失效），提出测绘成果概念，肯定测绘资料是测绘工作人员的劳动结晶，相较于资料和档案，在概念的科学性上有了进步。

现行法律体系中，测绘成果是仅次于地质资料的高频概念。以测绘成果为对象的法律规范包括《中华人民共和国测绘法》《中华人民共和国测绘成果管理条例》《基础测绘条例》以及各地方立法机关出台的测绘成果地方性法规和地方政府规章。这些法律规范有一个共同特征，其立法主体是国家测绘地理信息局（原国家测绘局）及其下属地方测绘地理信息局。相对于国土资源部、国家地质调查局颁行的法律文件多采用地质资料概念，我国测绘系统对其勘探、测绘工作形成的资料统称为测绘成果。

① 《全国测绘资料和测绘档案管理规定》（已失效）第三条。

虽然测绘成果和地质资料是两个概念,但从其内涵和外延看,测绘成果与地质资料的区分并不显著。"测绘,是指对自然地理要素或者地表人工设施的形状、大小、空间位置及其属性等进行测定、采集、表述,以及对获取的数据、信息、成果进行处理和提供的活动"①,"测绘成果,是指通过测绘形成的数据、信息、图件以及相关的技术资料。测绘成果分为基础测绘成果和非基础测绘成果"②。测绘成果的表现形式包括天文测量、三角测量、水准测量、卫星大地测量、重力测量所获取的数据、图件;基础航空摄影所获取的数据、影像资料;遥感卫星和其他航天飞行器对地观测所获取的基础地理信息遥感资料;国家基本比例尺地图、影像图及其数字化产品;基础地理信息系统的数据、信息等。

地勘成果、地质调查资料也是与地质资料相似的概念。《地质勘查成果资产评估管理若干规定(试行)》将矿产普查、详查、勘探报告及其他有价值的勘查资料统称为地质勘查成果,简称为地勘成果;《中国地质调查局地质调查资料管理办法》将地调局组织实施的地质调查项目形成的文字、图表、声像、电磁介质等形式的原始地质调查资料、成果地质调查资料和岩矿芯、各类标本、光薄片、样品等实物地质调查资料统称为地质调查资料。地勘成果和地质调查资料与地质资料的定义几乎完全相同,是地质资料概念在不同法律文件中的"同义词"。

近年来,地理信息、地理信息数据等概念在国内法律文件出

①《中华人民共和国测绘法》第二条。
②《测绘成果管理条例》第二条。

现的频率开始增加。其中的高频词汇有:①地理信息。从文字语义看,地理信息与地质资料是内容与载体的关系,地质资料所揭示的地理现象以信息形态呈现出来。在这个意义上,地质资料和地理信息好比一个硬币的正反两面,它们虽有含义侧重不同,但所指向对象同一。相关文件如《关于加强测绘地理信息法治建设的若干意见》(国测法发〔2011〕2号)强调地理信息法治需要强化测绘地理信息数据保密和共享管理,落实测绘成果汇交制度,完善成果提供使用和重要地理信息数据审核发布制度,统筹数字区域地理空间框架建设,推进基础地理信息公共服务平台建设,切实履行好法定的测绘地理信息公共服务保障职责。《国务院办公厅关于促进地理信息产业发展的意见》(国办发〔2014〕2号)强调要建立健全地理信息获取、处理、应用、出版以及知识产权保护、安全保密监管等相关配套制度措施。②地理信息数据。国家测绘局曾在1999年12月22日颁行了一部《国家基础地理信息数据使用许可管理规定》(已废止)中明确解释,"本规定所称国家基础地理信息数据是指按照国家规定的技术规范、标准制作的、可通过计算机系统使用的数字化的基础测绘成果。"该规定还首次明确地理信息数据的使用采用版权许可模式,虽然该规定在2010年11月30日被废止,但以版权许可方式允许第三方使用数据,仍在部分测绘单位沿用。该《规定》虽然明确了地理信息数据的概念,但将数据和测绘成果(地质资料)等同,并将信息数据作为版权许可使用的对象,混淆了地质资料版权保护的客体,存在一定的法律瑕疵。此后的相关立法对此进行了修正,如《重要地理信息数据审核公布管理规定》(2003),该规定所指的地理信息数据是在中华人民共和国领域和管辖的其他海域内的重要自然和人文地理实体的位置、高程、深度、面积、长度等位置信息数据和重要属性信息数据,明确了地理信息数据和地质资料的载体与内容的关系。

地质资料是重要的信息资源,但地质资料并不能等同于地理信息。明确地质资料和地理信息的载体与内容的关系,是正确界定地质资料法律地位的关键之一。

(二) 学术研究中的地质资料

国内学者关于地质资料的界定,侧重对其本质属性的思考。比如:地质资料具有与其他人造资料的共性,属于人工智能的产物,地质资料"是智力成果,是无形资产"[①];地质资料是某种信息财富,是"国家投入巨额勘查资金获得的特有信息资源"[②];地质资料以勘查资金投入为前提,资金来源的不同会影响地质资料性质。地质资料由于出资人和受益人不同,又区分为公益性和商业性。公益性地质资料的使用不具有排他性,可以向社会无偿提供,属于非营利性质,商业性地质资料属于营利性质[③];地质资料以获得国家行政许可的勘探许可为前提,强烈的行政

---

① 赵娴:《商业性地勘成果权的利益冲突与法律调整》,《中国矿业》2007 年第 2 期,第 37 页。

② 於顺然:《浅谈新的地质资料汇交内容及其制度》,《江苏地质》2002 年第 3 期,第 180 页。

③ 参见蒋承菘:《试论公益性与商业性地质勘查工作》,《国土资源》2003 年第 5 期,第 4—6 页。

色彩是地质资料区别于其他信息的突出特点,决定了地质资料的保护方式应与普通信息的民法保护不同。①

对地质资料本质的思考,大致分为智力成果说与信息财产说两种思路。智力成果说认为,地质资料是地质工作人员智力活动的产物,属于知识产权的保护范围,主张"地质勘查成果是在地质科学理论的指导下,运用地质科学技术方法,对矿产资源进行调查研究,经过科学的分类和综合汇集,用文字、图形、表格等形式表示一定时期内某一地区矿产资源客观情况的一种成果"②,"地勘成果是人们通过对矿产资源进行调查研究,基于自己的智力活动得到的成果,是一种知识信息,通过各种资料、图件、地质报告、储量报告等载体的形式表现出来"③。信息财产说主要从地质信息蕴含经济利益出发,强调地质资料是潜力巨大的无形资产,具有市场交易的可能性。信息财产观点并不否认地质资料是地质工作者智力活动的产物,也认同地质勘查工作是知识生产,地质资料是地勘单位对地下未知地质矿产体进行地质调查、物化探工作、水文地质、岩矿分析、探矿工程、实验测试等智力投入工作的成果④,但它更强调地质资料是一种财

① 参见余秀娟:《论地质资料的法律属性》,中国地质大学硕士学位论文2011年,第6页。

② 中国地质学会2000年中国地质研究会编著:《21世纪初中国地质工作改革与发展》,地质出版社2003年版,第101页。

③ 朱卫红、丁辉:《国外地质资料信息服务的经验及其启示》,《科技情报开发与经济》2001年第12期,第123页。

④ 参见中华人民共和国国土资源部:《中国矿产资源报告2011》,地质出版社2011年版,第39页。

产,主张通过赋予探矿人地质资料所有权建立智力补偿机制,允许地质资料创作人经营地质资料并分享部分收益。

其实,智力成果观和信息财产观并无实质上的冲突。智力成果观和信息财产观的理论根据都是地质资料是一种信息,只是侧重点有所不同。智力成果说强调地质资料与创作者的因果关系,而信息财产观更注重地质资料在市场交易中的地位与作用,两种观点是在不同层面揭示地质资料的法律属性。相较而言,地质资料的信息财产观更直接指出地质资料的信息特性,明确地质资料的财产权地位,具有更好的制度建设意义。从信息财产角度理解的地质资料,具有三层属性:

第一,地质资料是地理信息的载体

地质资料是地勘人员运用科技手段与科学知识探寻地球物理世界的结果,它以尽可能真实还原客观世界的地球物理信息为目的。其外在直观表现为可被人力感知与控制的纸张、图表、光盘等物质形式,当地质勘查人员创作完成地质资料,地质资料便脱离开创作人员而存在于一定时空范围中,表现出相对独立的物质状态。伴随科学技术的发展,特别是互联网、数字技术的影响,地质资料的外在物质特性可能会逐渐削弱,电子地质资料、地质数据库等数字形式的地质资料所占比例在逐渐增多。但地质资料是客观地理信息反映,地质资料的信息特性却不会改变,信息属性是地质资料最稳定的属性。

信息在英文中为 information,来源于拉丁文 information,意为"使……接受,感知"。现代物理学认为,物、能量、信息是世界三大构成元素。信息是事物属性的外在映射,"是对事物运动状态和方式的表述,也就是事物内部结构的状态和方式,以及事物外部联系的状态和方式"①。信息性是地质资料的本质属性。作为信息的地质资料凸显出无形性和不确定性。无形性是所有信息的共性基础特性②,地理信息是无形的、不可见的,尽管我们可以借助纸张、铅笔、打印机等将地质信息描绘在某种介质上,但这些有形的介质并不是信息本身,它们只是信息的载体。而且,地理信息的存在、传递和认知并不一定都要以有形的物质载体为前提,口耳相传等非物质方式也可以实现信息交流的功能。地理信息是无形的,且由于它是人脑智能捕捉到的信息,面临客观真实地理状态的标准检验,地质资料的信息具有典型的不确定性特征。地质勘查的工作原理是选择观测点或取样点,通过对观察点获取数据进行数学、化学、物理多学科的实验分析,总结出地球物理信息的可能情况。因此,地质工作所获得的地质信息的准确程度会受到观测点、科学仪器、工作人员等诸多因素干扰,往往具有不确定性。当然,随着地质工作的深入,地质信息的确定性不断增加,但地质资料所揭示的地质信息只能是不断接近"客观真实"的推进过程。

---

① GeorgeCho:A European Policy Framework For Geographic Information, Massimo Craglia1 And Ian Masser Sheffield Centre For Geographic Information And Spatial Analysis, University of Sheffield, Western Bank, Sheffield S10 2tn, U.K.Comput., Environ.and Urban Systems, Vol.21, No.6, p.393.

② See Hazel A.Morroxv-Jone.Rapid Property Transactions and Price Changes:An Exploratory Study in Forensic Geographic Information System(GIS)[J].Focus on Geography, Volume 48.

第二,地质资料是有价值的财产

在民事财产权理论中,"财产"概念最早出现在罗马共和国末期。罗马法对"财产"概念进行广义理解,除了实体存在于自然界的有形财产外,法律上拟制的利益关系也构成一种财产。罗马法超越物理形态而从社会关系出发认识财产的思路,被称为广义财产理论,其"所揭示的财产与主体人格之间的联系以及其超越个别财产和债务而对当事人财产所做的整体性观察,即使对于现代民法,仍然有着重大的实用价值"[①]。社会交往中各方主体存在普遍的利益诉求,当某种利益具有可估价性、可出让性和可继承性时,这种利益便可设定财产权。[②] 地质资料的财产价值,不是来自地质资料载体,而是源于承载反映的客观地理事实。地质资料财产价值的思考,集中在地理信息能否满足财产权要求。近年来,国内关于信息财产的研究成果较多,国内学者对信息能够设定财产权这一法律原则达成共识,当无形的信息被固定在一定载体之上,或者通过某种制度安排能被某主体专有时,信息便具有可控性和可交易性。若信息又能满足社会主体需求而成为社会交易对象时,信息便从潜在的资源上升为财产,成为信息财产。"信息财产是指固定于一定的载体之

[①] George Cho: Geographic Information Science: Mastering the Legal Issues. London: John Wiley & Sons Ltd, 2005.

[②] See The Changing Economics of Information, Technological Development, and opyright Protection: What Are the Consequences for the Public Domain? Joan F. Cheverie is Head, Government Documents and Microforms Dept, Lauinger Library, Georgetown niversity, 3700 O St, N.W. Washington, D.C.

上,能够满足人们生产和生活需要的信息"①。

　　地质资料承载地理信息,具有设定财产权所需的价值性、稀缺性、可控性,是民事范畴中的信息财产。第一,地质资料具有价值性。人类社会的生存发展离不开地球资源的开发利用,地质资料满足了人们对地理信息的需求,具有使用价值。第二,地质资料具有稀缺性。虽然大量社会活动都有赖于地质资料,但由于地球物理信息的隐藏性,地质资料的制作过程具有典型的高风险、高投入、高科技特征。地质资料一方面具有重要的社会经济价值,大量的社会生产活动需要地质资料支撑。同时它又是极其稀缺的材料,需要支付高额的成本才可能获取。第三,地质资料具有可控性。地质资料的可控性表现在物质载体的可垄断性,并通过载体控制达到更核心的信息专有和垄断。地理信息对地质资料的依赖高于其他无形信息。一般信息可以脱离开物质载体以口耳相传的方式传播,信息和物质载体在社会流通中相对分离。但由于地质信息的复杂专业,人们只有通过研读地质资料才能获得地理信息,脱离了地质资料的地理信息会因为精确性等原因丧失使用价值。地理信息与地质资料的统一,使得控制了地质资料物质载体便同时控制了地理信息。此外,通过法律制度中的拟制占有,如"消费付费""侵权赔偿"等使同一时段只能有部分消费者接触并使用资料,形成消费上的竞争、可控局面后,地质资料也可实现信息垄断控制。

---

　　① General Drafting Co.Inc.v.Andrews.37 F.2d 54-55(2# Cir.1930).

二、地质资料的类型

如前分析,我国现行的地质勘查工作主要有国家测绘地理信息系统和地质调查系统两大部门。虽然它们都隶属于国土资源部,但行政编制、工作职能、管辖范围等均相互独立。这两大系统对其工作成果的定义、用词惯例上有较大的区别,这为我们准确圈定地质资料的外延造成困难。考虑到地质资料信息服务产业化工作由国务院牵头、国土资源部负责,国土资源部颁布的部门规章对两大系统均有约束力,且是其上位法,便以国土资源部的《地质资料管理条例》《测绘成果管理条例》《国土资源数据管理暂行办法》等高位阶文件为依据。根据上述文件中对地质资料的界定及外延描述,地质资料的类型主要包括地图、地质工作报告、地质图件、影像资料、软件等。

(一) 地质报告

地质报告是地质资料的主要类型,也是最常见的类型。在每个地质勘查工作完成后,工作人员都需将工作过程、勘查数据以及主要结论等撰写成专门文件。按照地质勘查工作要求,地质报告主要分为封面、正文、附图、资质证明四个部分。

1.封面。介绍报告名称、提交单位、编写单位、提交时间等信息。

2.正文。报告正文主要介绍勘查工作准备情况、方案设计、实施过程、勘查工作质量、取得的主要地质成果等。其中取得的地质成果以及分析认识是整个地质报告的核心部分。工作人员要通过分析地质勘查所取得的数据,对地下矿藏结构、地质环境、水文情况等做出分析,根据勘查目的形成有针对性的意见。在目前高科技手段的辅助下,一些地质勘查数据的取得可以通过人工智能的方式获得,无需工作人员过多智力因素的操作。但在地质数据的分析研判中,即使面对同一份数据材料,不同的工作人员可能会形成相左的意见。可以说,地质成果的分析和结论是地质工作人员专业知识和业务素养的精华所在。

3.附图。地质报告的撰写不同于一般文字作品的创作,它是以客观数据为基础的科学研究工作,所以,地质报告要求按照正文附上相对应的地勘报告附图。地勘报告附图是勘查工作形成的各种图件,如勘查线面图、工程素描图、地质坐标图等。这些地质图件往往并不是工作人员最初获得的原始图件。所谓原始图件,是指工作人员在实地勘查中直接获取的第一手资料,这些资料有些是利用科技手段直接成型的,比如运用航拍技术拍摄的地形图,也有一些是手工绘制,如在 GPS 定位软件帮助下绘制的坐标体系图。工作人员现场获取的原始图件,在后期的分析整理中,或多或少都要经过工作人员的修饰整理,其目的是修正错误、突出有用信息。经过工作人员整理形成的图件,才可作为地质报告的分析依据,是地质报告的组成部分。我国《地质资料管理条例》等法律法规都有相同规定,原始图件由工作人员自行保管,而作为地质报告一部分的成果图件,则需随地质报告同时汇交。究其原因,这些经过工作人员整理的图件,是地质勘查结论的逻辑前提,与地质报告不可分割。

4.地质报告的最后一部分是地质勘查投入情况的证明和地质勘查合法的资质证明。地质资料的创作过程是个体智慧探寻客观未知世界的寻宝之旅,由于我们理性认知的局限性,勘查成果难免会与客体存在的地理世界有偏差。但地质资料一旦形成,就会成为后续建设施工、矿产评价、水利建筑等行为的依据。工作人员必须促使勘查工作尽可能地符合客观事实,提供高质量的地质资料。这不仅需要高度专业化的工作团队,技术手段、资金投入等也是地质工作质量的重要保障。为此,我国法律将地质勘查的资金投入、工作投入、勘查资质等与勘查质量有关的事务也均设定成法定义务,规定"国家对从事测绘活动的单位实行测绘资质管理制度"[1]、"测绘单位不得超越其资质等级许可的范围从事测绘活动,不得以其他测绘单位的名义从事测绘活动,不得允许其他单位以本单位的名义从事测绘活动。[2] 从事测绘活动的专业技术人员应当具备相应的执业资格条件"[3]。

从逻辑关系上讲,地质报告正文是核心内容,所附图件是报告形成的合理性依据,所附证明材料则是报告形成的合法性依据,它们与封面主体信息一起,构成地质勘查的完整记录。

---

[1] 《中华人民共和国测绘法》第二十七条。
[2] 《中华人民共和国测绘法》第二十九条。
[3] 《中华人民共和国测绘法》第三十条。

（二）地图

地图是我们日常生活接触最多的表达地理信息的地质资料类型。日常用语中的地图多是指与我们生活相关的旅游图、景点示意图、导航图等以满足日常出行需求为目的的图表。地质资料信息服务产业化中的地图是专业地图，指按照一定比例和投影方法，运用数学法则、制图综合理论，将地球表面缩绘于平面上，以达到反映各种自然和社会现象的空间分布、组合、变化的图件。专业意义上的地图按照其反映自然和社会经济现象的内容种类、性质与完备程度，分为普通地图和专题地图；表现形式上分为传统纸质地图、数字地图和遥感影像图。

1. 普通地图

在地质资料外延中，普通地图主要出现在地质测绘活动中，大多是地质报告的附件，但具有独立的使用价值，可以脱离地质报告成为其他后续地质活动的基础。普通地图又可细分为平面图、地形图和地理图三种类型。平面图是不考虑地球曲率影响，用缩小的相似图形表示平面位置及相互关系的地图。地形图是在平面图纸上既表示制图区域地物的平面位置，又用特定符号表示其地貌形态的地图，是普通地图的典型类型。地理图是以高度概括的形式反映制图区域最主要的地理要素和重要特征的地图，其涵盖范围很大，常常为一个区域、一个国家或全球，也被称为一览图。

因为普通地图主要出现在地质测绘领域，要求根据国家颁布的测量规范、图式和比例尺系统测绘或编绘,全面表达地理要素,所以也被称为国家基本地形图、基础地形图。根据基本比例尺系统的区别,普通地图(基本地形图)包括 1∶1 万、1∶2.5万、1∶5 万、1∶10 万、1∶25 万、1∶50 万、1∶100 万七种类型。由图廓内、外两部分要素组成,图廓外要素包括图幅名、图幅号、邻接图幅示意图、比例尺、坡度表、三北方向指示等,图廓内要素指普通地图内图廓范围内的表示要素,包括地形、水系、植被、居民地、交通网线、境界等。

基本比例尺地形图是地理信息的直接、全面反映,世界各国多对基本比例尺的制图规范有专门标准,成图规范(符号、注记、接边、图幅等)须严格按照国家专门的对应比例尺地形图的图式来进行制图、印刷。我国现有的基本比例尺地形图的绘制规范主要有 GB/T14268-2—8,GB/T12343.3-2009,GB6962-85 等。

2. 专题地图

专题地图是我们日常所称的"地图",它着重表示一种或几种自然或社会经济现象,或者强调这些自然、社会经济现象的某一方面特征,其精确性较普通地图低,常见类型如交通地图、旅游地图、购物地图等。专题地图属于广泛意义上的地质资料,其制作、出版、发行等环节的专管机构是国土资源部,直接管理部门是国家测绘地理信息局,相关法规包括《地图编制出版管理条例》《公开地图内容表示补充规定》《地图审查上岗证管理暂行办法》等。

3. 数字地图

传统的地图以纸质为载体,在现代信息技术的支持下,一些普通地图、专题地图借助计算机和互联网,利用地理信息系统(Geographic Information System,GIS)来储存和传送地图数据,也被称为电子地图、电子导航图,是地图的新形式。

GIS 是一种以存储、分析、显示空间与非空间数据的信息系统,它以地理空间数据库为基础,在计算机软硬件的支持下,运用系统工程和信息科学的理论,科学管理和综合分析具有空间内涵的地理数据,以提供管理、决策等所需信息。GIS 具有将地面实体图形数据和描述它的属性数据输入数据库的数据采集功能,消除数据采集错误的编辑和修改、数据编辑分析功能,将地理数据和属性数据绘制成地图的制图功能,以及空间数据库管理等功能。GIS 改变了传统地质资料的发布与共享方式,提供了一种认识与掌握地理信息的全新方式,代表了地质资料开发利用的发展趋势。严格意义上讲,GIS 是地质资料的数据处理与共享平台,它和传统的纸质、个体化地质资料有着本质区别。典型的 GIS 由四个部分组成:计算机硬件、软件系统(核心)、地理数据库(基础)和管理人员。其中,GIS 软件系统是数字地图的核心。

在信息技术快速发展的今天,数字地图代表着地图的未来发展方向。与传统地图相比,数字地图虽然也是表达地理信息,但在制作流程、工作方式、界面表达等方面与传统地图相比的差别仍然明显。如何根据数字地图的特点,制定相应的监管、保护机制,是地质资料信息服务产业化的重点之一。

4.遥感影像图

遥感影像资料是近年来新出现的地质资料类型,主要是指利用卫星遥感技术、航空拍摄技术、测绘遥感技术等方法加工处理形成的遥感影像图。从自然属性上看,遥感影像图是从高空拍照完成的照片,与传统纸质地图的表现形式不同。从法律属性上,国土资源部相关法律文件将其定位为影像资料,纳入地质资料中的地图进行管理。如 2011 年 11 月,国家测绘地理信息局颁布《遥感影像公开使用管理规定》要求在公开使用的遥感影像上标注地名、地址或者其他属性信息。要求遥感影像图按照《基础地理信息公开表示内容的规定(试行)》《公开地图内容表示若干规定》《公开地图内容表示补充规定(试行)》和国家其他法规制度要求,不得标注、显示禁止公开的信息。① 同时规定,从事遥感影像采集、加工处理、地名地物属性标注等活动,应当按规定取得相应的测绘资质,并且接受国家测绘地理信息局的监管。②

(三) 地质图表和成果汇编

1.地质图表

在《地质资料管理条例》附件所列的地质资料范围中,还有一种类型的地质资料,即矿产储量表、成矿远景区划图、矿产资

---

① 参见《遥感影像公开使用管理规定》第五条。
② 参见《遥感影像公开使用管理规定》第十二条。

源总量预测图表等以图表形式表达矿产资源信息的资料,统称
为地质图表。地质图表的表现形式不同于地图:地图是按照一
定比例和投影方法,通过符号、线条、颜色等记录地理信息,是对
客观地理事实的表达。而地质图表是运用线条、几何图形以及
其组合来艺术性地传递地理信息,是对客观事实"可视化"抽象
表现。因为地质图表和地图在表现形式上有差异,地质图表可
以视为单独的地质资料类型,尽管其所占比例不大。

2. 地质成果数据库

地质成果汇编是将现有地质资料按照一定原则整理成册。
目前,成果汇编通常是地质档案馆、地质资料管理机构出于保存
需要,将一定时间限度内的成果进行整理形成的总集,所占比重
不大。值得注意的是,在互联网空间中大量出现的地质资料数
据库,也属于地质成果汇编。地质资料数据库是地质资料信息
服务的主要载体,我国目前已经完成并投入使用的大型地质资
料数据库有全国地质资料目录数据库、全国重要地质钻孔数据
库、成果地质资料目录数据库、中国国家地质公园数据库、全国
地质工作程度数据库等,除了这些全国的大型数据库外,各地方
还有地方地质数据库,其总体数量十分可观。

三、地质资料的权利束

地质资料是物质载体和信息内容的统一体,现行法律制度
下可以承载的权利至少包括:

1. 物权。地质资料物质层面表现为由字母、符号、数字或模型组成的纸质图纸、软件、沙盘等。图纸、软件、沙盘等物质载体具有独立的经济价值，可以在物理空间上被人力控制并禁止他人占有，可产生地质资料的物权。地质资料物权是包括地质资料物质载体的所有、占有、使用、处分等权利。如第三方行为妨害物权人控制利用地质资料，或导致资料毁损、灭失的，物权人可就地质资料物质损失部分依《物权法》请求停止侵害、损害赔偿。

2. 版权。我国《著作权法实施条例》第二条规定："著作权法所称作品，是指文学、艺术和科学领域内具有独创性并能以某种有形形式复制的智力成果。"地质资料是智力成果，具有有形性和可复制性，能满足人们阅读分析、复制传播的需要。地质资料不仅要反映客观物理信息，还要追求艺术性与可读性，地勘人员创作地质资料时，要对探测到的地理事实进行分析、评价、选择、判断，并选择和使用符号、色彩、标注等元素以及多元素组合来绘制资料，地勘人员展示在地质资料创作中独立的思维能力和创新水平，使得地质资料具有独创性，成为著作权法意义上的作品，依法产生了版权。我国《地质资料管理条例》第十六条规定："涉及国家秘密或者著作权的地质资料的保护、公开和利用，按照保守国家秘密法、著作权法的有关规定执行。"

3. 商业秘密权。我国《反不正当竞争法》规定，商业秘密"是指不为公众所知悉、具有商业价值并经权利人采取保密措施的技术信息和经营信息"。即是说，符合新颖性、实用性、财产性、秘密性特征的地质信息可以被称为商业秘密。如果某地质资料反映的地质信息不被同行或相关公众所普遍认知或容易获得,该信息便具有了新颖性;实用性包括实际的实用性和潜在的实用性,并不要求地质信息已经被实际使用;财产性是指地质信息的经济价值,而不包括精神利益;我国《关于禁止侵犯商业秘密行为的若干规定》认为,如权利人"订立保密协议,建立保密制度及采取其他合理的保密措施",则可认为该信息具有保密性。对于符合这四项要求的地质资料,持有人便可依法主张商业秘密权,可禁止他人知悉、使用地质信息,并在信息被非法泄露时追究行为人的法律责任。我国目前没有专门立法保护商业秘密,权利人可通过合同法、反不正当竞争法等寻求法律救济。

4.国家安全权。我国《保守国家秘密法》规定,关系国家的安全和利益,依照法定程序确定,在一定时间内只限一定范围的人员知悉的事项属于国家秘密。依据《地质资料管理条例》第十六条,地质资料承载的地质信息如涉及国家秘密,则应按照《保守国家秘密法》的相关规定,依据地质资料的密级限制查阅、使用该信息的主体、范围以及程序。泄露保密期地质资料的行为侵犯国家安全权,情节严重的应依法承担刑事或行政责任。

地质资料的权利束中,版权、商业秘密权和国家安全权都指向地质资料反映的地理信息,因着调整客体的重叠,三权利间存在或矛盾、或交叉的关系。关于三权利相互关系的分析,详见第二章第二节地质资料版权在地理信息服务机制中的基础地位。

第二节　地质资料版权成立的实质条件

一、地质资料独创性的基本含义

（一）"独创性"是最低限度的创新性

我国《著作权法实施条例》规定，"著作权法所称作品，是指文学、艺术和科学领域内具有独创性并能以某种有形形式复制的智力成果"①。地质资料表现为纸质、光盘、移动硬盘、实物等多种媒介，满足人们阅读分析、复制传播的需要，具有有形性和可复制性。相较于一般作品创作，以客观地理信息为表达内容、以真实反映客观事实为目的的地质资料创作在表达上确实受到更多限制，但地质资料表达的特殊性尚不足以否认地质资料的独创性可能。地质资料在力求反映客观物理信息的同时，对客观地理信息的表达也或多或少地呈现出艺术性与可读性。作者创制地质资料时，在符号、色彩、标注方式上的选择和使用表现了作者独立的思维能力和创新水平，这种表达上的独创性使得部分地质资料脱颖而出，成为著作权法意义上的作品，依法产生了版权。对此，我国《地质资料管理条例》等法律规范明确规定，涉及著作权的地质资料保护、公开和利用，按照著作权法的有关规定执行。

地质资料是地质勘查人员智力劳动的结晶，具有知识产品

---

① 《中华人民共和国著作权法实施条例》第二条。

的法律属性。但这只是赋予地质资料获得版权保护的基本前提,地质资料能否真正成为版权意义上的作品,还需要符合"独创性"标准。版权制度的最终宗旨是"衡平"。通过协调创作者、消费者和社会公众的利益关系,实现保护创作者利益基础上的社会有效信息总量增长。因此,版权制度并不对所有精神财富给予保护,只有有价值的、能满足社会需求的有效创作成果才能成为版权意义上的作品。世界范围内,"独创性"是被普遍采用的、智力成果转换为作品的唯一实质标准。独创性也称为原创性,美国著作权法规定,版权法保护的对象是"固定在有形媒体之原创著作物",意大利著作权法规定,"具有创造性并属于文学、美术、平面建筑、喜剧和电影范畴的智力作品,不论其表达方式如何,均受本法保护"。我国和世界各国一样,也以独创性作为作品的实质条件。

任何智力成果都离不开创造者的脑力思维活动,成果和智力活动间的直接因果关系,是智力成果和自然界客观成果的核心区别。"独"的基本含义是独自、独立,创作者要基于自身智力活动完成作品。根据智力活动是否以已有信息为前提,我们可以将"独立完成"区分为两种类型,一是完全脱离现有信息的、纯粹意义上的独立思考;二是以现有信息为基础的智力活动,独立完成对现有信息的"加工"行为。考虑到人类思维活动的延续性,纯粹意义上的"独立完成"并不存在,任何智力活动都是以已知元素为基础。

版权法对"独"的判断重点,在于独立完成的主体是创作者的智力活动而非体力活动。也就是说,只是创作者的智力活动被体现在作品中,才能算得上版权法意义上的"独立完成"。德国著作权法明确规定,"本法所称之著作,仅指人格、精神的创作"。"创作必须是作者运用创造力从事的智力创造活动,而非单凭技巧的劳动和一般的智力活动。平均水准之创作人能力、单纯的手工、机械性技术串联形成、材料组成、按一定模型而成者,则在著作权保护之外。"①

"创"即创作、创造,是对创作行为智力投入程度的要求。世界范围内,对"创"的要求,通说分为以德国为代表的大陆法系和以美国为代表的英美法系。英美法系中的"独创性"用originality 表述,倾向于"独立完成",强调"作品是由作者独立完成的而不是对其他任何作品的抄袭",对智力投入的程度要求较低。② 大陆法系中的独创性用"author right"表达,将作品视为作者人格的延伸,倾向于"创造性"标准,对智力投入的程度和质量要求较高。

我国《著作权法实施条例》第三条对"创"的理解是,创作"是指直接产生文学、艺术和科学作品的智力活动",没有直接参与创作而只是提供组织活动、物质条件等辅助工作不是创作。但对于"创"是否要达到一定智力高度,我国著作权法没有对"独创性"的标准进行立法解释,国内学者对此尚未形成完全统

---

① 蔡明诚:《论著作权之原创性与创作性要件》,《台大法学论丛》第26册,转引自李伟文《论著作权客体之独创性》,《法学评论》2000年第1期,第85页。

② See Williamr Cornish,The Copyright Law of United Kingdom,International copyright law,Barbara Ringer and Hamish Standison,1989.

一的理论,英美法系的商业版权中心主义和大陆法系作者权中心主义都有一定的支持者。①

　　尽管国内学者对"独创性"的理解并未完全统一,但大多数学者认为不应完全照搬两大法系对独创性的认定标准,而应根据中国国情进行折中改进。"关于独创性的质的规定,我们不仅应当重复考虑两大法系国家立法和司法实践的现实,而且应当充分考虑本国的国情,制定适当的质的规定性。"②我国大部分学者主张,国内版权法不应对"创"提出过高要求,只要作品来源于作者智力劳动,作者对作品进行了智力投入,并且没有抄袭或复制便达到"独立完成创作"的要求。"创造性所必要的水平极低,甚至一丁点足够,绝大多数作品容易达到此标准,只要它们有些创造性的火花,无论多么初级、多么肤浅、多么明显"③,"在确立独创性含义时应当要求作品有最低限度的创造性"④,独创性"是一种最低限度的创新性"⑤。

(二) 作为事实作品的地质资料仍可具有独创性

1. 从事实作品角度理解地质资料

　　事实作品(Factual Works)并不是我国著作权法的作品类

---

　　① 参见赵锐:《作品独创性标准的反思与认知》,《知识产权》2011 年第 9 期,第 55 页。

　　② 吴汉东:《知识产权基本问题研究》,中国人民大学出版社 2005 年版,第 199 页。

　　③ Williamr Cornish:The Copyright Law of United Kingdom, International copyright law,Barbara Ringer and Hamish Standison,1989.

　　④ 吴汉东:《知识产权基本问题研究》,中国人民大学出版社 2005 年版,第 200 页。

　　⑤ 朱谢群:《我国知识产权发展战略与实施的法律问题研究》,中国人民大学出版社 2008 年版,第 26 页。

型,而是源于英美法系的学理概念。事实作品是指"以事实为基础创作的作品,或者企图反映事实的作品……描述历史的文章、科学论文、旅游指南、电话号码簿等都是事实作品"①,"事实作品包括了其价值体现在对真实的、准确表现的所有作品。例如地图、航海图、新闻节目表、纪录片、科学学术文献等"②。地质资料是以客观地理状况为基础创作的作品,地质资料的经济价值在于对客观地理现象的体现,因此,地质资料在性质上可归入事实作品范畴。

从事实作品角度理解地质资料,有助于我们进一步明确,版权法保护地质资料的基础是地质资料在表达地理现象层面的独立创新。"版权法以保护作者的创作为己任,事实并非作者的创作,而是共同财产(Common Property),因此应当被排除在版权法之外。然而,有些作品同事实存在密切联系,或者说事实因素在这些作品中占据重要地位,其存在在一定程度上影响该类作品可版权性的获得。"③事实作品可版权性的关键是作者对事实作出了独创性表达。在一些以事实为基础创作的作品中,事实本身和事实表达会存在较明显的区别,如对同一历史事件为题材创作的人物传记、历史小说,不同作者完成的作品呈现出较大的个性差异。但对于地质资料而言,地质资料记录反映的是真实客观存在的地理现象,地质资料创作者要力图"真实还原"

---

① 卢海君:《论事实作品的版权保护》,《政治与法律》2008 年第 8 期,第 91 页。
② 郭禾:《知识产权法案例分析》,中国人民大学出版社 2000 年版,第 61 页。
③ 卢海君:《论事实作品的版权保护》,《政治与法律》2008 年第 8 期,第 91 页。

客观事实,地质资料的质量往往与客观事实吻合程度成正比。地质资料表达目的的限制,使得地质资料能否具有独创性遭到质疑。1990 年,美国第五巡回法院审理了第一起地形图的版权纠纷案件,在 Kern River Gas Transmission Co.V.Coastal Corp 案件中,原告创制了一幅记录天然气管道走向的地图,该地图以 USGS 公布的 1∶24000 的基础比例地形图为底图,原告进行了独立的野外实地测绘,独立制作完成。但法院否认原告对该地图享有版权,因为任何人在"正确"表达天然气管道时,所创制出的地图都会一模一样。任何对事实"形象化的表达"(pictorial presentation)都不能获得版权保护,如果允许原告持有版权,则无疑是赋予原告"事实垄断权",剥夺了其他人表达该自然事实的权利。①

该案件原告败诉的关键是其地图在反映地理现象没有独创性,这一原理和著名的 Feist 案件相一致。美国在 Feist 案件之前,对事实作品的可版权性奉行"额头流汗规则",如在 1903 年的 Bleistein 案件中,法院指出"创作的概念有着非常广阔的外延,既包括具有较高艺术价值的文学艺术作品,又包括几乎没有创作性的事实作品和功能性作品"②。Feist 案件推翻这一规则,指出"作为版权中使用的术语,独创性不仅意味着这件作品是由作者独立创作的(以区别于从其他作品复制而来),而且意

---

① See George Cho:Geographic Information Science:Mastering the Legal Issues.John Wiley & Sons,Ltd,2005.

② Slephen.M.Stewart& Hamish Sandison,Inter′l Copyright and Neighbouring Right,Butterwrths.1989.

味着它至少具有某种最低程度的创造性。当然,必要的创造性的量是相当低的,即使微小的量就可以满足。绝大多数的作品能够很容易地达到这个程度,因为它们闪烁着某种创造性的火花,而不在于它们是多么不成熟、层次低或显而易见"①。Feist案明确了版权所要求的"独创性"是智力创作的独立完成和创新,而并非单纯的技术操作。"独创性应包含独立创作(independent creation)与少量创作性(a modicum of creativity),如果缺乏独创性之定量,如片段的字或词语、标语口号、音乐作品的微小变奏等会因不符合低度标准而排除在著作权的保护之外,又对于事实作品的编辑,不以额头流汗而辛勤收集与否作为判断标准,而必须具备所要求恰好微量度创作性"②。

2.地质资料版权只需要对地理事实最低限度的独创表达

事实作品是对客观事实加工创作的产物,是作者的智力成果。智力成果是一种再生信息。就事实作品的信息属性而言,它表现为再生信息的形成过程与最终结果的综合体。知识是一种信息,智力成果是"人的智力创造活动产生的结果,思维能力是智力的核心,……是人脑这种特殊物质的自身运动与客观世界相互作用的痕迹"③。智力成果是客观存在在主观世界中的

---

① Feist Publication In C.V.Rural Telephone Service Co.Inc,499.U.S.(1991).

② 蔡明诚:《论著作权之原创性与创作性要件》,《台大法学论丛》第 26 册,转引自李伟文:《论著作权客体之独创性》,《法学评论》2000 年第 1 期,第 87 页。

③ 朱谢群:《我国知识产权发展战略与实施的法律问题研究》,中国人民大学出版社 2008 年版,第 21 页。

反映,是带有主观色彩的间接存在。从智力信息的形成历程看,它是自在信息向再生信息的转化运动和发展过程。客观世界中的信息是尚未被主体认识和把握的自在信息,是信息的原始形态。被主体感性思维直接捕捉到的自为信息,虽然是人脑认识的产物,但并没有人脑思维能力的加工,是自在信息在主体世界中的简单反映。信息存在的最高形态是再生信息,即被思维能力综合分析加工后创作出的新信息。[1]

再生信息是主体智力劳动的产物,它是智力成果的本质。版权以智力成果为保护对象,便需要将不具有主体创造性的信息鉴别排除出去。自然世界中的客观事实是自在信息,显然不受到版权保护,主体认识未经加工改造,因为是不带有主观创作的"感性反映",性质上属于自为信息,也不属于版权保护对象。版权法仅以再生信息为对象,是因为再生信息中蕴含了人类智力的思维创造活动。但并不是只要经历思维创造活动的信息就必然是再生信息,如果主体思维能力的个性成分极低,再生信息仅仅是对自在信息的简单反映,这种信息因受思维加工影响较小,也不是真正意义上的再生信息。

一般作品中,再生信息因为有着较重的加工痕迹,并不要求忠实于客观情形,其和自在信息的质量差异明显。而在事实作品中,再生信息在客观事实的限制中进行加工,以自在信息为表现的直接对象,其与自在信息、自为信息的质量差异相对较弱。

---

[1] 参见邬焜:《信息哲学》,商务印书馆 2000 年版,第 47—55 页。

信息之间在内容上的差异与版权法无关,版权法的保护对象是"表现形式"而非被表达的内容。即使事实作品所表达的信息和客观世界的自在信息出现内容相似,也不能因此否定作品的独创性。

尽管地质资料是对客观地理事实的记录,但信息内容并不影响地质资料的可版权性。地质资料的创制过程是对客观地理信息认识改造的过程,地质资料创制者引导地质资料(再生信息)形成的思维活动通过语言文字、篇章结构、图形位置等形式得以体现。因此,地质资料独创性不仅仅指表达最终呈现出的形式,表征着地质资料创制者个性思维动态活动过程的因素,也属于独创性的逻辑范畴,如信息的挖掘、筛选、判断和重组。只要地质资料来源于创作者本人,与创作者个体智力活动有着直接且唯一的因果关系,且独立完成的成果具有一定的创造性,便满足了"独创性"的标准。

通常情形下,地质资料创制者的个性思维活动总会以某种或显著或微弱的形式表现在地质资料中,但如果这种表现形式完全正确地反映出客观世界时,出于版权利益平衡原则,这种作品便不能获得保护。虽然在理论上主观认识和客观存在必然有差距,主观认识不可能完全"真实"地反映客观世界,但在现代科学技术手段的辅助下,人类理性认知能力大大提高。地质资料和地理事实的差距不断缩小。如果这种差距缩小到可以被忽略的程度时,地质资料和地理事实的重合便可能出现。此时,虽然地质资料创制者也投入了智力劳动,但如果对这种信息也给予版权保护,则会导致版权人事实上享有了自在信息的专有权。对于这些智力成果,版权法出于利益平衡原则将不再给予保护。

（三）地质资料表达形式的有限性不等于唯一性

1."表达形式"是内在表达结构和外在表达形式的统一

保护表达但不保护思想是版权法的基本原则,在某些情形下,若"思想"的表达方式只有有限的一种或几种时,如仍保护这种"表达"便会导致表达所依附的"思想"也被纳入版权保护范畴,这有违版权法原则。因此,"如果一种思想实际上只有一种或非常有限的几种表达,那么这些表达也被视为思想而不受保护。这就是著作权法中的混合原则(merger doctrine)"[1],我国也将其称作"唯一表达形式"。

相较于一般作品,地质资料在表达形式上受到行业规则、国家标准的限制,尤其是占地质资料较大比例的地图,创制时需遵循严格的制图规范。我国目前已经制定的国家地理信息标准主要有 GB/T13923—2006《基础地理信息要素分类与代码》、GB/T18578—2001《城市地理信息系统设计规范》、GB/T19333.5—2003《地理信息一致性与测试》(ISO19105:2000,IDT)等,相关的国际地理信息标准如 ISO19106:2004《地理信息轮廓》(Geographic information-Profiles)、ISO19107:2003《地理信

---

[1] 王迁:《著作权法》,北京大学出版社 2006 年版,第 31 页。

息空间模式》（Geographic information-Spatial schema）等。由于表达形式的有限性，直接影响到地图独创性的判断，例如在大比例尺地形图是否是作品的争论中，便有观点主张，基本比例尺地形图是按照国家统一制定的技术规范和测绘行业标准绘制，力求真实、准确表示自然地理，绘制者不能进行任意取舍和发挥，所以不可能有"创作"，因而不可能属于作品。

2. 地质资料表达形式的组成要素

地质资料受到行业规则和国家标准的制约，这种制约对地质资料表达形式的影响究竟有多大，是否足以抹杀地质资料表达层面的独创性？笔者认为，答案是否定的。我国立法已经明确地质资料可以成为版权作品，司法实践层面也有不少关于地图著作权侵权纠纷的判决，支持地图获得版权保护。关于地质资料表达形式的理解，不应局限于制图规范，从再生信息的创作过程看，"表达"的本质是再生信息形成过程的外在反映。作品的文字、段落、表述等形式对应着作者对自在信息的认知把握、筛选评价、研究整理的思维运动过程，因此，表征着再生信息加工过程的因素都属于版权法"表达形式"的范畴。地质资料的表达形式至少包括符号、结构和体裁三个维度。

（1）符号

符号是地质资料表达的首要元素。地质报告主要通过语言文字表述地质现象，地质软件以计算机语言为表达工具，属于文字作品范畴，地质资料报告和软件的表达符号主要是各种语言。地图等图形作品的表达符号是文字、线条、颜色、图案等地图语言。地图中表征自然地理、行政区域、社会经济状况等信息的标注、颜色、线条是具有信息记录与运输功能的语言,它们构成表达地理信息的媒介。其中最重要的地图语言是色彩和符号。地图上不同色彩和色彩区块的运用建立起地图要素的分类、分级概念,绘制者可以选择不同颜色、颜色深浅程度向读者表达地理现象的种类,以及质量和数量的变化。利用色彩和自然地形景物的象征性,比如蓝色、绿色、黑色分别象征河流、绿地、道路,在增强地图感受力的同时,还可提高地图的表现力和科学性。点状、线状、面状的符号是用来表达自然现象和社会现象的又一重要语言工具,各种形状的符号往往具有相应的含义,线条的粗细、原点的大小、面状图案的形态传达着地理现象的不同属性。

地图的色彩、符号等地图语言必须遵守相应的行业规范和法定标准,任何符号都是社会认同的结果。地图绘制中的常用符号,大多都经过长时间的考验,是行业长期形成的约定俗成。除了遵循常用符号的行业惯例外,制图者还必须遵循法定标准,比如目前我国发布的 GB/T20257 标准规范,对地图中符号、色彩、标注、图幅装饰有一定要求。虽然如此,地图的绘制仍保留了一定的创作空间,制图者可以根据自己的喜好和艺术水准设计不同的色彩和象征图案,在地图的整体布局和微观细节上独具匠心,其个性特征较基础地形图容易辨识。在专题地图中,比如我们常见的某一城市交通旅游图,一些地图的整体布局呈现出更优美的阅读感,查找更为便捷,包容更大的信息量。可见,在表现对象相同的情形下因为绘制者对地图符号的运用水平差异,地图仍会呈现出结果差异。

地图在反映客观地质信息的同时,绘制者需要运用地图语言追求一定的艺术性与可读性。地质图表绘制者在结构布局、色彩编排、符号设计等方面的智力投入,使专题地图具有独立创作性,如果这些创作性有最低限度的创新,地图便可作为作品受到版权保护。当然,因整体表达具有独创性而受到版权保护的地图,保护对象仅是具有独创性的表达形式和内容部分,处于公共领域内的要素如常用标示、线条,以及客观地理自然现象或经济现象并不属于保护对象。

(2)结构

思维活动是信息加工的动态过程,作者加工信息并表达地质资料时做出的组织和安排是作者思维过程的动态反映。结构在地质报告等文字作品中表现为文章段落、材料组织、情节安排上的考虑,在地图、地质图表等图形作品中表现为图表的整体布局、色彩选择、图案层次等。从再生信息思维活动的外化分析,符号是一种静态的外化,是智力成果的最终展示,展现出作者智慧的运动轨迹,而结构则是思维活动动态过程的反映,是作者思维活动的直观展现。

作品的结构究竟属于作品的内容还是表现形式,国内学者尚有分歧。一种意见认为版权保护的对象是表现形式,不包括作品反映的事实、观点、体例等。[①]如美国《版权法》(1976)第102条第二款便规定"在任何情况下,对于作者原创性作品的著作权保护,都不延及思想观念、程序、工艺、系统、操作方法、概念、原则和发现,不论它们在该作品中以何种形式描述、解释、说明或体现",TRIPS 协定第九条第二款也规定,"著作权保护应及于表达方式,但不延及思想、程序、操作方法或数学概念本身"。第二种意见认为,国内学者在翻译外国法条时错将"表达"等同于"表现形式",版权不仅保护表达形式,也保护表达的内容,否则无法解释版权法中演绎作品的保护原理。表达内容并不是"思想",而是作者表达"思想"时的一种个性化模式。①笔者认为,国内学者对"结构"的争议并不是关于结构的可版权性之争,而是结构的性质之争,即结构是属于表达内容还是表达形式。按照前述对表达内在形式和外在形式的概念,结构应当属于表达的内在形式,是作品独创性的构成元素之一。

(3)体裁

体裁是具有相对固定结构形式的作品类型,通常有文学体裁、新闻体裁、体育体裁、美术体裁等。反映地理事实常用文学、美术、科技等体裁类型。单纯的体裁并不是版权保护对象,但体裁和符号、结构相结合,共同表达作品时,才可获得版权保护。

3. 有限表达形式的地质资料仍有独创性

1991 年,美国第五巡回法院审理一起地图侵权诉讼案件 Mason v. Montgomery Data Inc.,原告在 USGS 地图基础上绘制了德克萨斯州蒙哥马利行政区划地图(编号 233),原告控告被告侵犯了原告对该地图的版权。案件一审地区法院依据混合原则

---

① 参见王迁:《著作权法》,北京大学出版社 2006 年版,第 8—14 页。

指出原告地图并不受版权保护,原告并没有受到实际损失,判决不支持诉讼请求。① 案件上诉至第五巡回法院后,法院对原创性概念的阐释与 Fesit 案件相同,认为原告对地理信息的选择和编排以及对冲突信息的协调构成了原创性。上诉法院指出,历史上大多数法院都将地图单纯理解为事实组合,然而,由于地图采用了形象化或图解式的表达形式,美国 1976 年《版权法》才会将地图归属到绘画(pictorial)、图形(graphic)、雕塑(sculptural)作品中,地图的表达是可以保护的,应当将地图和其他非图形的事实表达区分开。最终,上诉法院推翻地区法院的判决,判决被告侵权成立。②

前述案件中美国第五巡回法院对地质资料因表达形式限制而不受版权保护采取了一种审慎的否定态度。如此案一样,我国司法实践也反对机械适用混合原则,主张对"有限表达形式"和"唯一表达形式"进行更细致的逻辑区分,在有限表达形式下,作者对表达形式的选择和运用仍可因其独创性而获得保护。"中经网数据有限公司诉中华网国际网络传讯有限公司侵犯著作权案"(2002 高民终字第 368 号)显示出我国司法界对独创性和表达形式有限性关系的理解。该案件原告是国家信息中心 80%控股的有限责任公司,以计算机信息网络国际联网业务、经济信息咨询为主要业务的有限公司,原告于 2002 年 1 月在其网站刊载了"中经宏观景气动向""中经宏观经济预警信号""中经

---

① See Mason v. Montgomery Data Inc.765F.Supp.353.
② See Mason v.Montgomery data Inc.1992.

景气动向"等大量图表。被告未经原告允许将上述图表刊载在其网站上,原告认为被告行为侵犯其对上述图表的著作权,请求法院判令承担侵权赔偿责任。该案的争议焦点在于,诉争的"中经宏观景气动向"等图标采用了通用的曲线走势图的表达方式,对于这种被某行业普遍采用的表达方式,原告能否主张版权? 一审法院认为,通用表达方式不具有我国著作权法所保护的作品的独创性,原告主张不予支持。原告依法向北京高院上诉,北京高院审理撤销了一审判决,认定原告对曲线走势图享有版权。二审指出,"独创性是指一部作品经作者独立创作完成,一是要求作品具有非抄袭性,并不要求作品具有创作高度;二是要求作品之中必须包含作者的判断。……只要图表所表达的内容能体现制表人员独自的判断则该图表就具有独创性。"虽然由于纵横坐标的限制,任何人绘制的曲线图表都会呈现出某种线条在一定刻度范围内的上下浮动,大体走向基本相同,但这并不足以否认创作者对图表创作可能做出了判读。该案原告采用了"差值填补"和"季节调整"的方法确定诉争曲线走势图的坐标刻度,又依据个体审美爱好制作不同颜色的图表背景,诉争图表的表达与创作者的主观意识有着直接关联,应当认为具有独创性,受到版权保护。①

笔者对上述案件的审判原理表示赞同,当行业惯例或创作目的限制了创作者的表达形式时,不能简单地据此认为创制成

---

① 参见"中经网数据有限公司诉中华网国际网络传讯有限公司侵犯著作权案",http://edu.lawyee.net/Case/Case_Data.asp。

果缺少独创性。保护表达而不保护思想是版权法的基本原则，但这里的"表达"绝不仅仅是"表达形式"。"过去不少著作将著作权只保护表达，不保护思想的原则表述为著作权只保护表达形式，不保护思想，这种说法固然比著作权只保护表达更符合汉语语法习惯，但却更容易使人认为著作权只保护形式，而不保护与形式相对的内容。……这些结论显然是不能成立的，否则著作权法中的演绎权包括摄制权、改编权和翻译权等都失去了意义。……与思想相对应的表达不仅仅包括形式，也包括内容"①。作者对有限表达形式的甄别、选择，对表达内在结构的组合安排，只需要具有轻微的个性特点，都可赋予地质资料以独创性。

与有限表达形式相关的是，如果因为遵守国家标准、行业标准导致地质资料（特别是地形图、图表等图形作品）相似甚至雷同，这些地质资料是否还能获得版权保护？从我国版权法原理看，应当是可以的。《最高人民法院关于审理著作权民事纠纷案件适用法律若干问题的解释》第十五条规定："由不同作者就同一题材创作的作品，作品的表达系独立完成并且具有创作性的，应当认定作者各自享有独立著作权。"因此，当不同创作者对同一地理现象探查制作的地质资料，因为表达对象重合，在"客观真实"地反映地理现象时，若遵循相关标准难免出现结果雷同的情形，也不能否认地质资料创作者各自享有的独立版权。

---

① 王迁：《著作权法》，北京大学出版社 2006 年版，第 31 页。

对于地质资料有限表达形式的独创性质疑,除了通过司法实践进行澄清外,有必要以立法方式加以明确。国际立法中,计算机软件独创性开启了排斥混合原则的先例。我国计算机软件版权保护运用"侵权责任否定",明确计算机软件表达形式不适用混合原则。我国《计算机软件保护条例》(2013)第二十九条规定:"软件开发者开发的软件,由于可供选用的表达方式有限而与已经存在的软件相似的,不构成对已经存在的软件的著作权的侵权。"地质资料版权法律制度可参照该原则,规定因为地质资料法定标准或行业标准等要求使得可供选择的表达形式有限而导致的地质资料相似的,不视为侵权。

二、地质资料独创性的类型分析

(一) 地图的独创性

1. 地图独创性的基本原理

具有独创性的地图是按照一定比例,用线条、颜色、符号等表明地质物理状况的作品。我国《著作权法》第三条明确规定,工程设计图、产品设计图、地图、示意图等属于图形作品,《著作权法实施条例》进一步解释,"图形作品,是指为施工、生产绘制的工程设计图、产品设计图,以及反映地理现象、说明事物原理或者结构的地图、示意图等作品"。地图绘制人员在收集、分析、整理客观地理信息的基础上,用线条、符号、颜色等方式,将人们需要了解的地理信息绘制在某种载体上,以供人们阅读、使用。地图绘制是地质工作者的智力劳动成果,而绘制人员在绘制过程中不仅要忠于客观地理事实,还要追求地图的可读性与画面美感。相同的地理区域,不同的绘制人员却能创作出截然有别的地图作品。绘制人员凝结在地图中的创作性的智力投入使地图具有了艺术性,所以可以成为作品。地图的独创性并不是其表达的地理事实的特殊性,而是地理事实表达方式上具有美感的"科学之美"。

如前分析,符号、结构和体裁是地质资料基本的表达形式,三元素在图形作品中可呈现为布局、设计标识等形式。地威亭设备(加拿大)有限公司诉上海阳程科技有限公司著作权纠纷(2013)沪二中民五(知)初字第 64 号的判决将图形作品的独创性总结为三个方面:一是图形作品的整体排列布局体现设计者的独特构思、选择和编排;二是具体设计的标注和绘制方式体现设计者的个性特征,如选择不同颜色、形状、比例的标识,采用不同绘制方式等;三是对设计细节或要点的取舍体现了设计者的个性思考,是设计者综合判断技术方案受众知识水平、作品用途、技术方案要点等信息的结果。[①] 在更早时期的成都市地图出版社诉成都市房地产交易中心著作权侵权纠纷一案(2003)成民初字第 648 号中,司法审判便体现了该审理思路。该案件原告主张被告擅自在其出版、发行的《成都购房实用手册》(以下简称《购房手册》)一书中使用了原告享有著作权的《成都市

---

① 参见凌宗亮:《图形作品的著作权保护及其权利边界》,《人民司法》2016 年第 8 期,第 82 页。

城区地图》(地图编号为 ISBN7-80544-706-3/K.668,以下简称
668 地图),司法机关十分详细地比较诉争地图的图、颜色、线条
走向等元素。(1)比较《购房手册》和 668 地图的布局,两者均
以浅绛色作为底色,分布主要干道一环路、二环路、三环路,由东
向西横穿天府广场的蜀都大道、由南向北纵穿天府广场的人民
南路、人民北路。(2)比较两者主要的颜色、线条等符号,《购房
手册》以上主要干道除三环路外均使用了黄色线条,三环路、高
速公路使用了浅紫色线条,河流、渠道流向使用了浅蓝色线条,
主要街道、主要公路使用了白色线条,铁路使用了白色和黑色相
间隔的线条,这些线条颜色和 668 地图完全一致。《购房手册》
用黄色小方块中标注数字的方式,也与 668 地图一样。基于《购
房手册》在布局、体裁和符号与 668 地图的相似性,法院判决被
告的行为侵犯了原告的 668 地图的著作权,应承担侵权的民事
责任。

总体而言,地图能成为图形作品,不是因为创作者在收集地
理信息过程中的体力付出,而是绘制人员在表达地理状况时,对
地图整体布局、符号、细节等表达形式的选择、取舍和协调,使得
地图具有一定的个性特征,体现了一种科学美感,地图独创性的
关键是地理信息表达的独立创造性。

2.地图独创性的类型分析

(1)计算机软件所制地图的独创性

传统的地图制作完全依靠人工手动绘制,但在现代计算机
技术的帮助下,现代绘图已经实现了自动化。各种绘图软件在

地质制图行业得到普遍运用。计算机制图在减轻制图人员工作量的同时,也不同程度地影响着绘制人员的智力投入和个性表达,进而影响地图的可版权性。

国内地质制图领域应用最为广泛的软件有美国 Autodesk 公司开发的 AutoCAD 软件。该软件是功能强大的交互式制图软件,具有编辑、修改、图形绘制等功能。AutoCAD 软件自带模块功能,制图人员可以根据自己工作需求创建常用工作模块,设置并保存图层、图块、文字类型、标注类型、图例等。Autodesk 预存了大量制图常用图块、线条等图形,以及组合图形所需的形状、颜色、符号等基本元素。制图人员可以在软件上直接选择图形元素,并通过指令对图形、线条进行位置、形状、色彩的修改和组合。AutoCAD 是一个制图工具,相较于传统的纸、笔、尺子等制图工具而言,提高了制图效率,但没有改变制图的基本原理。软件是制图人员表达地理信息的工具,软件不能取代制图人员的人工智慧。①

石油勘探开发领域还有一款应用广泛、功能更强大的制图软件 GEOMAP 软件,其最强大的功能之一是数据化成图,"可直接导入地震资料处理的 SEGY 数据、测井曲线的 LAS.716 等数据,还可以自动导入工区、井位、地震测线、人文地理等基础数据,生成诸如地震剖面、测井曲线柱状图及石油地质研究的常用基础图件;也可以利用已存入的地质数据直接生成地层划分、构

_____

① 参见刘晓红:《AutoCAD 软件在矿井地质制图中的应用》,《山东煤炭科技》2014 年第 5 期,第 127 页。

造等值线、统计图、三角图等专业图件。此外该软件还可提供 OpenSpirit 插件，直接读取 OpenWork、Ge-oFrame 等数据库数据，便于转换数据直接成图"①。

GEOMAP 系统软件制图，绘图人员只需向计算机发出指令，操作计算机输入数据、调整数据。新建图元有三种模式，底图清绘、数据制图软件会根据指令自动导入数据，根据数据库中已有的绘图工具和坐标点、图元类型等，自行选择并将数据转换为图元。自行绘制功能是人工制图，制图人员自行绘制图框、图名、图例等标识性图元，地图的身份信息。编辑图元功能对文字、线条、图形、颜色、地震剖面、工区、测线等三十五种图元进行自由编辑。同上，如果绘制人员在这个环节，展现自己非功能性的调整，对颜色、布局等进行了调整，展现出自己的在非功能性方面的个性特征，可以版权保护。

（2）基本比例尺地形图的独创性

国家基本比例尺地形图是根据国家颁布的测量规范、图式和比例尺系统测绘或编绘的全要素地图，也可简称"国家基本地形图""基础地形图""普通地图"等，目前中国采用的基本比例尺系统为：1∶1 万、1∶2.5 万、1∶5 万、1∶10 万、1∶25 万、1∶50 万、1∶100 万七种。关于国家基本比例尺是否属于作品，有两种观点。一种观点认为，基本比例尺地形图是按照国家统一制定的技术规范和测绘行业标准绘制，力求真实、准确地表示自然地理，绘

---

① 参见唐惠等：《计算机软件制图研究——以 GEOMAP 软件系统为例》，《电脑与信息技术》2014 年第 3 期，第 22 页。

制者不能进行任意取舍和发挥,所以不可能有"创作",因而不可能属于作品。① 也有观点主张,地形图的完成至少要经历设计、测量、数据处理三个阶段,地形图的最终表现和测绘者的专业知识水平和专业经验紧密相关,一个刚参加工作的大学生和经验丰富的测量师,对同一地形测绘的地形图在表现形式上会有较大的区别。即使国家规定了详细的行业规范,地形图绘制者在表现方式的选择上极其有限,但这也不能否认地形图仍然包含着创作者的"自我判断",包括测量任务设计、测量点选择、数据取舍、对数据进行综合处理的计算机坐标点,应获得版权保护。②

这些关于基础地形图能否成为版权作品的争论,都来自地质勘查实务部门,但他们的争论切中我国版权法基本原理,即基础地形图的可版权性关键在于基础地形图的表达是否具有个性特征。如前所述,地图独创性表现在两个方面:一是要有绘制人员的智力投入,如绘制人员运用科技手段收集地理信息,并分析总结出地理信息,以及根据地图目的选择、取舍地理信息等;二是绘制人员将地理信息以个性化的方式表达在载体之上,地图要素的颜色、线条、图案、布局等表现了绘制人员的思维特性。而在这两个方面,最核心的是第二个,如果只有地理信息的收集选择,而不能用个性化的方式将其表达出来,也不能符合独创性要求。

---

① 参见黄兴志、曹玉凤:《国家基本比例尺地形图著作权界定问题刍议》,《测绘软科学研究》1998 年第 4 期,第 61 页。

② 持该观点的相关文章如:于伟:《试论实测地图的法律保护》,《测绘软科学研究》1999 年第 1 期,第 21 页;黄兴志、王明岐:《国家基本比例尺地形图著作权问题的再认识》,《测绘软科学研究》2001 年第 5 期,第 19 页。

　　绘制人员因为专业水平、制图经验的差异,在绘制基础地形图时会产生结果不同,但这种对客观地理信息的分析、判断属于技术层面,它虽然也是一种智力投入,但不是独创性判断的关键。对于基础地形图的可版权性而言,关键是地形图的要素表达是否有个性特征。笔者认为,大比例尺的可版权性不宜"一刀切",当某幅地形图表达要素完全吻合国家标准,彻底没有任何个性因素时,不能依据地理信息选择上的个性差异而认定为具有独创性。同理,即使基础地形图的表达的客观地理信息相同,但只要表达要素有"最低限度的创作性",在某些元素的表达上有那么一点不同于国家强制性标准的地方,我们也可基于这些"轻微的"差别,认定该基础地形图具有独创性。

　　(3)数字地图的独创性

　　数字地图是纸质地图在信息时代的主流类型。广义上的数字地图分为两种:一是传统纸质地图数字化处理后,以bmp.,jpg.,cdr.,pcd.,eps.,ai.等图片格式保存在计算机系统中的地图,它们和传统纸质地图有着不同载体,但在图形界面、表达元素、阅读方式上没有本质差别。第二种数字地图是以软件和图形界面组成的,具有实时互动功能的新型地图,也是真正意义上的数字化地图。目前,我国地理信息服务产业化已经完成的纸质地图数字化,只是实现了第一种数字地图形式,而大力发展、对地理信息产业起推动作用的,是第二种数字地图形式。其中,又以电子导航地图为代表。

　　电子导航地图以地理信息系统(GIS)为存储和运行媒介,以线条、符号及其组合为阅读界面。电子导航地图的绘制通常分为三步,首先是按地图制作的需要进行野外地理信息收集,然后是将收集地理信息甄别处理后建立地理信息数据库,最后是地理信息展现在导航仪界面。使用者可以通过屏幕和语音提示获取信息。总体上,我们可将电子导航地图视为地理信息数据库、计算机软件、阅读界面、语音提示系统共同构成的动态智能系统。这个系统的每个构成要素都可成为版权意义上的作品。具有独创性的数据库属于汇编作品,计算机软件可按照文字作品保护。导航地图的界面属于图形作品,导航开始后发出的提示性语音,如具有独创性可按照口述作品进行保护。

电子导航地图作为一种新型地图形式,其独创性判断有两条思路:一是导航地图的某个构成要素具有独创性,导航地图当然因此具有独创性,可以给予版权保护。二是导航地图每个要素都要具有独创性,这样导航地图才能整体给予版权保护。我国司法实践对导航地图的保护,采用第一种思路,只要某个要素具有独创性就可以。

"北京长地万方科技有限公司与深圳市中佳讯科技有限公司、凯立德欣技术(深圳)有限公司、深圳市凯立德计算机系统技术有限公司著作权纠纷案"(简称为"道道通"导航电子地图著作权案),是我国第一起电子导航地图的版权纠纷案件。该案件入选 2009 年中国法院知识产权司法保护十大案件,具有比较重要的研究价值。该案件原告北京长地万方科技有限公司诉称自成立之日起开始组建测绘队伍,投入了大量的人力、物力、财力,派出测绘工程技术人员在全国各地实地测绘、采集信息,先后制作出版了第一版至第四版《"道道通"导航电子地图》(简称《道图》)。原告经调查发现,被告凯立德欣公司、凯立德公司生产销售的《凯立德全国导航电子地图(362城市)》(简称《362图》)抄袭剽窃了原告第四版《道图》的内容,要求追究被告侵犯著作权行为。被告凯立德公司辩称没有实施侵犯原告著作权的行为,主张《362图》是自行开发研究的导航电子地图,凯立德公司独立完成电子导航地图路网、背景、注记、索引四大类信息的收集、筛选、取舍、表达和操作。电子导航地图中地名等客观地理信息不属于著作权保护范围,因为执行强制标准和规范制作过程而出现"相似""相同""雷同"的地理信息表达,是必然的和不可避免的,是法律允许的。

案件经广东佛山中级人民法院、广东省高级人民法院终审。两级法院认为,在被告可能接触原告地图的前提下,"从整体对比情况看,凯立德公司《362图》与长地万方公司第四版《道图》存在虚设地址相同、场地版本号相同、特制信息相同、个别字误相同、表述不当相同、同类地点的多种表述相同、不规范简称相同、未简全称相同、信息取舍相同、被控作品存在有点无路的不合理情形、两者所犯错误相同、位置关系标注相同的情况"[①]。判决被告侵权成立。

该案件对电子导航地图独创性判断建立两个原则:①电子导航地图属于图形作品中的地图。电子导航地图的法律属性有汇编作品、软件、数据库等多种观点,本案两审法院按照专题地

---

① (2008)粤高法民三终字第290号。

图独创性的判断标准审理纠纷,明确了电子导航地图属于地图之一种,属于版权法中的图形作品。从电子地图的表现形式看,它仍然是运用线条、标注、颜色、数字等图形符号将客观地理现象标注在载体上,虽然其载体是具有互动功能的 GIS 软件系统,但并不影响其外在的阅读界面的图形特征。②电子导航地图的独创性表现地理信息选择、取舍、认定以及表达界面的个性化元素。在侵权认定中,法院审理重点不是诉争地图界面在颜色搭配、符号选择、图例分布等表达元素的相似度,而是地图表达地理信息是否重合。在海量地理信息不能完全对比的情况下,参照计算机软件侵权对比方法,选择具有个性特征的信息点进行相似度分析。这种判断方式其实超越了传统图形作品的独创性范畴,还涉及软件作品的独创性判断。

"道道通"导航电子地图著作权案是以图形作品界定电子导航地图的作品属性。从这个意义上分析,电子导航地图的独创性仍然表现在绘制者是否独立完成对客观地理信息的测量和取舍工作,是否在地图绘制中融入独创性见解并产生有别于同类型地图的特征。但电子导航地图毕竟不同于一般图形作品,它还涉及数据库、软件、口述作品等作品类型,还可以通过其他作品类型给予电子导航地图版权保护。

(二) 地质报告的独创性

1. 纸质类地质报告

地质工作者在实地数据和实验结果基础上撰写的地质报

告,通常分为有封面、正文和附表三个部分,一些矿产类地质报告还需要依法提交勘查者资质证明。从作品类型上看,封面和正文属于文字作品,附表属于图形作品,所附资质证明因不是智力成果不能获得版权保护。而随着信息技术的应用,有些地质报告承载在软件上。地勘行业的地质报告,可能表现为文字、软件、图表三种形式,分属于文字作品、图形作品范畴。

地质报告的封面和正文属于我国著作权法的文字作品。文字作品,是"指小说、诗词、散文、论文等以文字形式表现的作品"①。文字作品的独创性体现在文字的个性组合,即使这些组合没有上升到"美"的程度,但只要是作者独立完成,并且依据自己智力思维完成文字组合,便可视为具有独创性。但撰写人分析地质数据形成结论的研究思路、撰写人分析数据时采用的研究理论或学术观点、报告中使用的地质学概念、撰写人分析实验的新方法或新构思,以及实验分析时所采用的操作方法和技术方案等,因属于"思想"范畴,即使具有很高的智力含量也不能获得版权,可以通过发明权、专利权、商业秘密权保护。

2. 软件类地质报告

以软件形式存在的地质报告,虽然在表达形式上和传统文字形式的地质报告区别显著,但包括我国在内的世界各国著作权法,都是将软件作为文字作品给予版权保护。《知识产权协定》第十条第一款规定,计算机程序无论是源代码还是目标代码都应属

---

① 《中华人民共和国著作权法实施条例》(2013年)第四条。

于"文字作品",版权保护范围只限于计算机程序的表现形式,不涉及思想、程序、操作方法或数学概念本身。我国《著作权法》《计算机保护条例》等规定,计算机程序和用来描述程序内容、组成、设计、功能规格、测试结果与使用方法的文字资料和图表等的文档,如说明书、流程图、用户手册等都属于保护的软件作品。

《计算机软件保护条例》第四条规定:"受本条例保护的软件必须由开发者独立开发,并已固定在某种有形物体上。"该条并没有对软件作品提出创作高度的要求,只满足两项条件便可获得版权保护:是开发者独立创作开发的结果;已经在某种固定有形物体上,具有复制使用的可能性。我国著作权法对计算机程序给予版权保护的条件实质上是"原创性"标准,地质资料软件只要证明独立完成便可获得版权保护。

依照《计算机软件保护条例》规定,开发软件所用的思想、处理过程、操作方法或者数学概念等不属于版权保护范畴,软件"原创性"的判断对象并不是这些不受保护的对象,而应当是"表达"具有创作性。何为计算机软件的"表达",理论界并未形成统一认识。但美国 Whelan V.Jaslow 案件中关于计算机程序的结构、顺序和组织(Structure,Sequence and Organization)构成了程序的"表达",被认为是普遍接受的原则。作者在计算机程序结构、顺序和组织中进行独立的智力投入便可获得版权保护。由于计算机程序表达的有限性,大多数计算机程序都存在结构、顺序和组织上的雷同、相似,通过抽象—过滤—对比的"三步判断法",判断计算机程序是否存在复制行为,是否是独立完成的作品。即使计算机程序确实存在复制行为,也不能一概而论否定该程序的独创性,还要根据复制部分在被复制程序中的重要性进行判断。

总体而言,软件类地质报告的独创性判断,一方面要根据我国《计算机软件保护条例》的规定,只要符合独立完成、可固定、具有一定创作性便可认定为具有独创性。同时,对于虽独立完成,但表达相似的软件,如相似性系由表达形式的有限性造成,则应根据"混合原则"处理。我国立法对此采取"侵权否认"态度,即《计算机软件保护条例》第二十九条之规定,"软件开发者开发的软件,由于可供选用的表达方式有限而与已经存在的软件相似的,不构成对已经存在的软件的著作权的侵权"。

(三) 地质图表的独创性

地质图表是各种反映地理信息的柱状图、线型图、表格、数表等,如工程地质柱状图、原位测试成果表、土工试验成果表等,可归入我国著作权法图形作品中的示意图范畴,如果在表达上具有独创性,可按照图形作品获得保护。但如果这些图表是行业通用的表格或图片,因已经进入公有领域,便不再保护。

地质图表独创性判断的难点在表达方式的有限性。保护表达但不保护思想是版权法的基本原则,在某些情形下,若"思想"的表达方式只有有限的一种或几种时,如仍保护这种"表达"便会导致表达所依附的"思想"也被纳入版权保护范畴,这有违版权法原则。前述关于表达形式有限性对地质资料可版权性的影响部分,笔者提到,"中经网数据有限公司诉中华网国际网络传讯有限公司侵犯著作权案"。该案件主张根据图表内容是否能体现制表人员独自思考,对图表独创性综合判断。司法判决考虑的图表元素,包括曲线走势图的设计标准,曲线图整体布局是否体现美感。法院最终判决诉争图表的表达与创作者的主观意识有着直接关联,应当认为具有独创性,受到版权保护。2011 年,《人民法院报》发布的指导案例"四川高院判决陈建诉万普公司著作权纠纷案"也涉及表现形式有限的图形作品独创性判断问题。该案件中,原告从事机读卡阅卷和研究工作,完成了具有三个主观分答题卡的设计,并对答题卡进行了版权登记。被告万普公司自成立起生产销售三个主观分答题卡,原告以侵犯其著作权为由向法院提起诉讼。案件一审法院认为原告已经取得三个主观分答题卡的著作权登记,被告复制、销售主观分答题卡构成著作权侵权。二审高院对答题卡的独创性做出相反判定,指出由于答题卡在各类考试中被广泛使用,虽然样式各异但因本身内容所限其表达形式十分有限,如果将答题卡的样式视为对图形作品的创作,则会损害公众利益,因此,答题卡样式不宜授予著作权,否则不符合我国著作权保护制度的立法目的。①

综上所述,从原理上看,地质图表属于图形作品范畴,我国司法实践中也是从图形作品的结构、符号、布局等层面分析图表的独创性。地质图表若要获得版权保护,原则上创作者应体现其对客观信息的选择、取舍,以及对选择、取舍信息的个性化表

---

① (2010)川民终字第334号。

达。若因表达形式有限,图表无法体现个性特征,则作为通用数表不再受版权保护。

（四） 地质资料数据库的独创性

地质数据库是地质资料信息服务的技术平台,它按照一定的系统和方法编排,可通过电子或其他方式获取地质资料的资料存储利用。地质资料数据库是数据库的类型之一,其性质也应属于汇编作品。我国《著作权法》第十四条规定:"汇编若干作品、作品的片段或者不构成作品的数据或者其他材料,对其内容的选择或者编排体现独创性的作品,为汇编作品,其著作权由汇编人享有,但行使著作权时,不得侵犯原作品的著作权。"

地质资料数据库要具有独创性,应当符合两个标准:数据库制作人独立完成;数据库制作人在资料的选择或编排上体现出一定的创作性。地质资料数据库因其表现内容不同大致可分为地质资料目录数据库、全文数据库和研究数据库三种类型,其中前两种数据库是地质资料信息服务目录数据库,是对地质资料馆藏目录、案卷目录、卷内文件目录、全宗目录等信息进行收集和编排之后所形成的数据库。目录数据库以全面囊括地质资料信息为目的,工作人员需要按照时间、题目等标准将地质资料目录进行整理、分类、录入,这其中虽然有体力和智力劳动投入,也可能采用了一些特殊的分类整理方法,但这些收集信息的投入是作品创作前的投入,作品表达前的原创性,而不是版权所要求的表达独创性。汇编作品表达独创性中的"创"要求在内容的选择或编排上体现一定程度的创造性,由于目录数据库多是以时序法和字序法进行排列,排列内容是馆藏所有目录,内容上没有可选择性,编排方法为通用做法,目录数据库的可版权性较小。当然,这并不排除如果有目录数据库在选择和编排上具有较为明显的创造性,将不可版权的地质资料目录转化为可版权的独创性表达时,这些目录数据库仍可构成汇编作品。

地质资料馆或其他资料持有人将地质资料数字化后,以数字格式保存到计算机系统中,并按照一定方式对这些资料进行排列整理,便形成地质资料全文数据库,它是包括地质资料全部内容的数据库。相对于目录数据库,汇编人对全文数据库有了较大的选择余地,可以根据自身要求对汇编的地质资料进行甄别取舍,在编排方式上可以有一定的目的性。值得注意的是,我国著作权法对汇编作品独创性的要求是内容选择或内容编排任具其一即可。如上海市城市地质信息在线服务系统按照基础地理信息、岩石地质、水文地质等进行分类编排,虽然这种编排方式的创造性不够明显,但该系统并没有将所有资料打包上传,而是按照资料显示对象、显示比例、社会需求度等对资料进行了选择,这些内容选择只要具有一些创造性便仍可符合独创性的要求,构成汇编作品。

(五) 遥感影像资料

遥感图像是由分布在一定太空空间层中的卫星直接拍摄取得的,类似于我们用照相机拍摄获得的照片。但用遥感技术直接获得的图像和摄影作品有本质区别。在版权法中,我们给予摄影作品以版权保护,是因为摄影者在拍摄过程中融入了个性和智力创作,是美的创作。拍摄时照相器材光圈、快门、曝光的选择,拍摄对象角度,光线、明暗对比的确定,无一不是拍摄者智力水平的展现,因此,即使摄影作品最终呈现相似性,但只要是"由不同作者就同一题材创作的作品,作品的表达系独立完成并且具有创作性的,应当认定作者各自享有独立著作权"①。但对于遥感影像而言,虽然也是运用摄影技术,但其摄影目的是真实反映客观地理状况,而并非体现个人智力的创作。

近年来,以遥感图片为基础的制图方式得到一些地图创作人员的认可。航空拍摄为主体的遥感技术具有精准和快速的特点,在基础地质测绘中应用广泛,发展迅速。以遥感图片为基础的制图和 AutoCAD 等软件制图不同。遥感技术是利用各种遥感器进行地面资料的收集,然后通过对信息的获取和记录以及识别来进行物体判断,分析出地质状况。② 以遥感技术为基础的制图,通常分为四个步骤,首先是通过卫星获取地质图片,这些图片真实反映出地质状况。但是因遥感技术直接获得的图片所显示的数据无法直接识别的,需要经过计算机技术转换并修正才能获得有效的数据信息,然后由软件对转化后的信息进行提取。第一、第二步骤是制图人员向遥感系统发出指令,遥感系统自动完成。但到第三步时,需要制图人员提取信息并结合信

---

① 《最高人民法院关于审理著作权民事纠纷案件适用法律若干问题的解释》第十五条。
② 参见唐艳力:《遥感测绘技术在测绘工作中的应用探讨》,《河南科技》2014 年第 1 期,第 26 页。

息变化情况和时间顺序分析地质状况。这是制图的关键环节，也是制图人员专业能力的展现。最后，根据提取的数据信息对摇滚图片进行修正，根据地图需要选择制图比例尺和空间分辨率，选择波段数目、宽度，以及时间分辨率等。

如果说运用遥感手段直接获得的影像资料因为是机械性作品，而不能成为版权作品。那么，以遥感资料为基础制图形成的地图，是否必然能获得版权保护？从版权法原理看，地图之所以能获得版权保护，是因为地图以具有美感的方式向人们传达了客观地理信息。地图之所以可以成为作品，是因为绘制人员依靠自己的智力，选择不同的颜色、图案、线条并将它们合理布局来展现地理事实，这种判断、选择是绘制人员智力劳动的体现。因为有这种选择和判断，地图才可能具有版权法的独创性。因此，在遥感图片的制图中，制图人员对信息的选择、修正展现的是自己的专业技能，这些技能是功能性。如果这些技能使用的目的只是提高了地图的精确度，而与地图表达的"美"无关，则仍不符合独创性要求。

目前，以遥感技术为基础的制图，因为成本较高，使用还不普遍，但因其提高了地图的精确性和制图效率，代表了未来制图的发展方向。总体而言，卫星遥感技术拍摄产生的是类似于照片的影像图件，这种图件是技术工具活动的自动结果，操作者的操控是按照一定技术规则进行的机械性行为，卫星遥感技术直接拍摄的图件缺少独创性，不能获得版权保护。但创作者如果在这些图件的后期制作中对如何表达地理信息作出独创性设计，制图者创造性的智力投入赋予成果独创性,这些资料可成为作品。

第三节　地质资料版权成立的形式条件

一、必须固定在有形载体上

版权保护的作品是否包含口头作品,大陆法系和英美法系对此有不同选择。传统上,大陆法系出于对作者人格利益的保护,不需要作品固定在有形载体上。而英美法系国家侧重经济交易可行性处罚,要求作品必须固定在某载体上,不保护口述作品。如英国 1988 年《著作权法》便规定,"在以书面或其他方式记录下来之前,任何文学、戏剧或者音乐作品都不想有版权;凡本编中的作品创作时间均指该作品被记录下来的时间"。世界范围内,《伯尔尼公约》确立了口述作品可以受保护的原则,但是否给予保护由会员国自行确定。我国《著作权法》第三条第二款规定,口述作品属于作品范围。但由于计算机软件的特殊性,《计算机软件保护条例》作出特别规定,"受本条例保护的软件必须由开发者独立开发,并已固定在某种有形物体上"。

地质资料版权的形式条件,我们有两条路径可以选择:一是直接适用著作权法,不要求固定;二是借鉴软件作品的保护方法,以特别立法要求必须固定在有形载体上。究竟选择何种方式,需要从可行性和合理性两方面进行考量。首先,从可行性言,地质资料是信息量极大的作品类型,它们要表现一定地域范围内地貌、水流、植被、建筑等众多地质元素,而且还要力求真实准确。地质资料的信息量远远超出口头叙述的承载能力。所以,地勘实务中的地质资料均是书面形式。口头叙述地理信息远远不能实现地质资料的目的。其次,地质资料能获得版权保护的前提是合法创作的,它不仅要遵守版权法、民法,还必须符合地勘行业的相关规定。《地质资料管理条例》第五条列举的地质资料表现形式包括文字、图表、声像、电磁介质等,具有有形的、可复制的、可固定的特征。地质资料汇交管理等制度要求完成的地质资料必须在规定时限内上交地质管理机构。我国地勘行业要求的合法地质资料也必须是记载在有形载体上的固定资料。最后,现有的地质资料以书面资料为绝大多数,目前看来,最大可能涉及口述作品的电子导航地图中的语音提示。有观点认为,电子导航地图中当导航开始后出现的道路提示,属于口述作品范围。①

这个观点值得商榷。我国著作权法保护的口述作品,是以即兴的演说、授课、法庭辩论等口头语言表现的作品。② 口述作品的创作和文字作品的表演并不相同,前者是即兴的、脱稿的,直接以口头形式完成创作。文字作品的表演是将已经存在的作品用语言形式传递给观众,它没有创作出新作品,只是对已有作品的表现。在电子导航地图中,语音提示已经预存在信息数据库中,在汽车行驶中,通过 GPS 定位系统、地理信息软件协调合

---

① 参见侯印坤、税成疆:《导航电子地图的著作权保护》,《人民司法》2010 年第 3 期,第 82 页。
② 参见《中华人民共和国著作权法实施条例》第四条。

作,提取组合已经存在的地理信息,并通过声音软件表达出来。语音提示并没有创作出新作品。而且,口述作品也必须符合独创性标准。从独创性原理上讲,完全客观的描述、过短的语言文字等,因为智力表现的不足,通常不宜认定为作品。

从地质资料作品的实际需求看,笔者建议,地质资料版权可以借鉴软件作品,要求必须固定在某有形载体上,否则不给予版权保护。

二、必须经过法定登记程序

在版权保护历史上,英美法系国家倾向于"登记主义原则",作品只有经政府法定机关登记后才能获得版权,便于作品交易、减少市场风险。而大陆法系国家则从保护人格利益角度出发,采用"自动保护原则",作品一经创作完成便可获得版权。"自动保护原则"有助于最大限度保护作者权益,但在版权纠纷中面临取证困难等问题,所以,一些国家又设定了著作权登记机关,作者可自愿登记。

由于《伯尔尼公约》关于作品保护采用"自动保护原则",世界各国在加入《伯尔尼公约》的过程中,逐渐接受公约标准。目前,世界上有些国家都确定了作品版权一经创作完成便自动获得的原则,我国亦不例外。我国《著作权法实施条例》第六条规定"著作权自作品创作完成之日起产生"。按照这个原则,具有独创性的地质资料只要创作完成,便产生版权,作者能依据著作权法等享有地质资料的发表权、复制权、发行权等权利。但这种安排会引发地质资料的安全风险,不符合国家《保守国家秘密法》。笔者认为,地质资料作为特殊的作品类型,在形式要件上也应有特殊处理,即必须经登记才能取得。

（一）地质资料版权形式要件首先要保证国家地理信息安全

地质资料是国家地理信息的载体,其所表达的地理信息具有经济价值,也涉及国家地理安全。在信息化的时代,这些地理信息往往具有重要的国家战略价值,与国家政治安全、领土安全息息相关。即使在政府信息最开放的美国,与油气资源、军事基地等有关的地理信息也不得公开。我国《档案法》《测绘法》《地质资料管理条例》等均规定,涉及国家秘密的地质资料必须要符合《保守国家秘密法》《政府信息公开条例》等相关规定,如"涉及国家秘密或者著作权的地质资料的保护、公开和利用,按照保守国家秘密法、著作权法的有关规定执行"①,"汇交、保管、公布、利用、销毁测绘成果应当遵守有关保密法律、法规的规定,采取必要的保密措施,保障测绘成果的安全"②。2008 年,国土资源部专门颁布《涉密地质资料管理细则》,对地质资料涉密等级的确定,密级标志和标注,涉密地质资料的公开借阅和利用等进行了严格细致的规定。

---

① 《地质资料管理条例》第十六条。
② 《中华人民共和国测绘成果管理条例》第四条。

按照现行法律规定,所有地质资料在公开前都应该进行涉密审核,只有经过国家机关确定不涉及国家秘密的地质资料,创作人才可能自行决定资料的公开、使用等。一旦涉密,就须按照保密法的相关要求。如果自行公开,轻者违背地质资料的管理规则,重则可能触及刑法。地质资料的国家秘密属性,导致我国地质资料的版权取得程序必须有别于典型的、私领域的智力成果。

地质资料的国家秘密属性优先于智力成果属性。从法理上讲,这是公权优先于私权,国家利益优先于私人利益。从政策层面讲,这是地理信息产业化的前提和基础。"地理信息是重要的战略性新兴资源,关系到国家主权、安全和利益,在维护政治、经济、军事、科技和其他非传统领域国家安全中发挥着重要作用。因此,发展地理新产业必须在保障国家地理信息安全的前提下进行"①,"在维护国家安全的前提下,积极推进地理信息公共服务平台建设,促进地理信息高效、广泛利用"②。

因此,地质资料版权获得原则,也必须有利于国家安全。在版权和国家安全权冲突的情况下,首先是国家安全权,其次才是创作者版权。笔者建议,地质资料版权不能套用自动取得原则,必须通过国家秘密审核。

（二）地质资料合法要件必须经过审核才能确定

作品创作是民事法律行为的一种,合法创作行为应当符合我

---

① 国家测绘地理信息局:国家地理测绘局就《国务院办公厅关于促进地理信息产业发展的意见》答问,http://www.sbsm.gov.cn/article/zcfgid/20140200008433.shtml。
② 《国务院办公厅关于促进地理信息产业发展的意见》第六条。

国民事法律行为的基本要求,即主体合法、程序合法、内容合法、意思表示真实。我国现行《著作权法》只吸收了民事法律行为内容合法要件,规定没有要求著作权主体须是完全民事行为能力人。这是因为作品的唯一实质性要求是"独创性",而独创性要求智力成分和年龄等常规行为能力要素没有必然因果关系,未成年人、限制民事行为能力人完成的画作、音乐作品等主要符合独创性,也可获得保护。出于对"独创性"的尊重,版权制度也不强调程序创作意思真实自愿对民事行为效力的影响。在"《大学生》杂志社诉京讯公司、李翔案"中,法官指出"依法禁止出版、传播的作品不受著作权法保护,但这类作品应指内容上有违反法律禁止传播的成分,如宣扬封建迷信、黄色淫秽等危害公共利益内容的作品"①。"出版书籍和期刊应当符合有关出版管理的法律、法规,履行必要的报批手续、取得书号、刊号等。如果未经审批而擅自出版作品,就应当承担相应的法律责任。但只要作品的内容并不违法而导致被禁止出版、传播,这类作品仍然享有著作权"②。

如果套用现行版权原理,地质资料版权也无须对创作主体、创作程序等进行形式要求。但这种安排和地质资料管理规范冲突巨大:

第一,只有具有合法勘查资质的单位和个人才能从事地质资料绘制工作。地质勘查是高技术要求的专业活动,地勘单位的工作能力直接关系地质资料质量。因此,我国地勘行业一直以来都

---

① 北京市第二中级人民法院民事判决书(2000)二中知初字第 18 号。
② 王迁:《著作权法学》,北京大学出版社 2007 年版,第 44 页。

严格执行资质管理制度,表现在:①只有具有法定勘查资质的单位才能从事地质测绘工作,承担地质测绘的具体工作人员必须具备测绘资格证书。没有相应资质的单位和个人创作的地质资料,以及超出资格许可业务范围完成的地质资料是非法材料,需承担包括责令停止违法行为、没收违法所得和测绘成果、罚款等法律责任。②不得采用欺骗手段骗取资质,不得将资质授权给其他单位、个人使用,以及将获得的测绘项目转让给不具有资质的单位。否则,需承担相应的行政责任,涉及犯罪的则追究刑事责任。①

按照现行测绘资质管理规范,地质资料创作的前提是取得合法资质。没有合法资质创作的地质资料,如果因为其内容表达上具有独创性而授予版权,则会导致地质资料在版权意义上合法,但在地勘行政管理上不合法的情况。地勘管理部门"依法"没收非法地质资料的行为同时又是侵犯地质资料版权的"侵权行为"。

第二,地图、遥感影像等图形类地质资料必须经过测绘局保密局审核并取得审图号,才是合法地图。地图是地质资料的大类,对于这种类型的地质资料,国家除了严格限定测绘资质外,还

---

① 参见《测绘法》第四十二条"违反本法规定,未取得测绘资质证书,擅自从事测绘活动的,责令停止违法行为,没收违法所得和测绘成果,并处测绘约定报酬一倍以上二倍以下的罚款"。第四十三条"违反本法规定,测绘单位有下列行为之一的,责令停止违法行为,没收违法所得和测绘成果,处测绘约定报酬一倍以上二倍以下的罚款,并可以责令停业整顿或者降低资质等级;情节严重的,吊销测绘资质证书:(一)超越资质等级许可的范围从事测绘活动的;(二)以其他测绘单位的名义从事测绘活动的;(三)允许其他单位以本单位的名义从事测绘活动的"。第四十五条"违反本法规定,未取得测绘执业资格,擅自从事测绘活动的,责令停止违法行为,没收违法所得,可以并处违法所得二倍以下的罚款;造成损失的,依法承担赔偿责任"。

有内容审核制度。只有经过国家测绘局保密审核、处理,并取得审图号,地图才是合法的。对此,我国已经有大量的法律规范,如《遥感影像公开使用管理规定(暂行)》(2011)、《地图审核管理规定》(2006)、《地图编制出版管理条例》(1995)、《关于进一步加强地图导航定位产品统一监管工作的通知》(2012)等。

现行法律法规除了对地图类型的地质资料有审核要求外,其他类型的地质资料在公开时也要遵守审核要求。早在2003年颁布的《重要地理信息数据审核公布管理规定》中便规定,在行政管理、新闻传播、对外交流等对社会公众有影响的活动、公开出版的教材以及需要使用重要地理信息数据的,需向测绘行政主管部门提出申请,应当使用依法公布的数据。如果需要使用尚未公布的信息数据,或者需要主动公布地理信息数据的,均需向行政主管部门提出申请,经审核合格后方可使用或公布。

(三) 地质资料版权需经登记生效

因为地质资料的国家秘密属性,地质资料作品在版权获取上要以不威胁国家安全为前提。现行关于地质勘查资质、地质资料内容审核等制度,在根源上是为了保证国家地理信息安全。鉴于国家现行地质资料审核、管理制度,地质资料的版权取得不宜采用"自动获取原则",而应当是经法定登记机关登记获取。地质资料版权和国家安全权在获取程序、权利内容上都有不同程度的冲突,我们除了在地质资料版权的内容方面多加限制,还需要在地质资料版权的获取程序上作修改。通过对地质资料版权获取程序的修订,我们能最大限度地防范地质资料版权威胁国家安全,最经济有效地保护地质资料信息安全。

三、关于设立地质资料版权登记管理机关的构想

地质资料版权登记机关设立有三种方式:

第一,以现有的地质资料审核机构为版权登记机构,包括各级地理信息测绘局、地质资料汇交机构。优点是便于操作,只需在现有机构中增设一个下属机构。但容易导致"多头治水"问题,存在规范不统一、职能划分不清晰等问题,影响地质资料版权的登记管理效率。

第二,将地质资料版权登记权限委托给著作权管理机构也是快捷方式。中国版权保护中心是国家版权局的正局级直属事业单位,是我国目前官方的版权公共服务机构,工作范围包括计算机软件登记、作品著作权登记、著作权转让和专有许可合同登记与备案、质押合同登记等版权公共服务领域,以及与此密切相关的著作权法律宣传与咨询、版权鉴定、版权认证、第三方调查取证、作品保管、版权纠纷调解等。地质资料著作权的登记,可以授权给版权保护中心统一行使。

这种方案的优点是利用版权保护中心的现有资源,但地质资料的版权保护涉及国家秘密审核,需要和测绘管理等部门协调。两家单位隶属于不同行政系统,又有行政级别上的差异,存在版权登记效力、冲突纠纷机制等方面的沟通问题。

第三,国土资源部牵头设立专门的地质资料著作权保护机构,将地质资料著作权的登记、保护、转让、备案等工作统一授权其负责。该方案虽然复杂,但却能解决地质资料版权登记与国家秘密审核、地质资料版权使用和行政监督的协调问题。在地理信息产业化发展进程中,开发地理信息、提供与数字内容产业及新媒体业务相关的地理信息服务,至少需要版权认定、版税收缴、维权等版权服务事项,这些专业且复杂的事项如能有专业机构统一提供,对地理信息产业发展无疑意义重大。

就笔者现有材料,澳大利亚、英国便是采用这种模式来保护地质资料版权。澳大利亚地质资料的版权登记、管理机构是地球科学部(Geosciences Australia,GA)。它是政府授权的地质资料的管理机构,提供地图和地图集、统计数据、图书和期刊、地质文献、澳大利亚地质档案、数据库搜索、航拍、多媒体等数十种类型的地质资料,负责信息的采集收集、系统整理、修改维护以及数据库的日常维护与版权保护工作。GA 设置专门版权办公室,具体负责版权认定、授权等事宜。①

英国地质资料版权认定和保护的机构是英国地质调查局(British Geosciences Station,BGS),是隶属于国家自然环境研究理事会(NERC)的行政机构。BGS 与版权有关的职能包括:①代表政府持有地质资料版权。所有地质资料以及派生资料版权归属于 BGS 的上级机构 NERC 所有,未经版权所有者的事先

---

① GA.:Copyright About Us,http://www.ga.gov.au/copyright.html.

书面许可,不得对上述任何资料进行再生产或以任何形式转让或存储在任何性质的检索系统内。②对地质资料使用进行版权许可。BGS 根据版权法规定,对地质资料的商业用途或非商业用途分别发放版权许可证。未经 BGS 同意,任何 BGS 内容的一部分都不可复制或以任何形式、以任何方式传送,或存储在任何性质的检索系统,并用于商业用途。非商业用途是指除商业用途以外的任何使用方式,如非商业的私人学习,研究和教育活动的用途,BGS 对非商业用途的使用限制相对宽松,要求使用人承担适当的注意义务和许可证规定的责任。① ③制定并收取地质资料版税。BGS 有权制定地质资料的版税政策,并执行该政策。如 BGS 近年来与英格兰和威尔士高等教育拨款委员会的联合信息系统委员会(HEFCE)就地质地图 1∶625k、1∶250k 和 1∶50k 规格的学术使用上达成协议,BGS 专门设计了具有更高可比性的优惠计划,以保证英国高等教育机构对地质数据的使用。②

笔者建议,我国可以借鉴澳大利亚和英国的做法,在国土资源部系统内设置一个专门机构,承担地质资料版权登记工作,同时履行版权保护、版税收取等涉及地质资料版权服务的全部职权。

---

① BGS:The Copyright of BGS Maps,Publications And Other Documents,http://www.bgs.ac.uk/Mendips/copyright.html.

② BGS:Copyright Statement,http://www.bgs.ac.uk/foundation-web/Copyright.html.

第一节　地质资料汇交制度及其
在版权层面的意义

一、我国现行地质资料汇交制度的基本内容

（一）汇交的法律依据

汇交是指从事地质测绘的工作单位及人员在地质测绘
中形成的原始数据、资料、成果等材料必须在法定期限内汇
交给指定管理部门的制度。基于汇交行为,地质资料的所有
权主体从出资人（汇交人）转变为地质资料馆藏机构（事业

单位),地质资料的相关权利被重新分配。汇交是地质资料馆藏机构作为地理信息服务主体接触地质资料的起点,也是地质资料权利在创作人和管理人之间转移的转折点,基于此,笔者选择从汇交制度出发梳理地质资料馆藏机构的地位和权利。

如前所述,我国地质资料管理机构隶属于国土资源部,分为两大系统:一个是以国家测绘地理信息局为核心的测绘系统,其成果多以测绘成果命名,组成单位除国家测绘地理信息局外,还有地方各行政级别的测绘单位。另一个是以中国地质调查局为核心的地质勘查系统。地勘系统是我国最早的地质工作单位,在20世纪初经历市场化改革后,一些地勘单位脱离行政机构改制为市场化经营的事业单位或股份公司,保留在行政系统的地勘单位按区域设立了六大区域地质调查中心,分别负责西北、华北、华东等各区域的地质调查工作。各区域地质调查中心隶属于中国地质调查局,走向市场的地勘单位通过申请国家地质勘查项目、承接社会单位的地质勘查项目进行自主经营。在现行法律体系中,测绘系统和地勘系统都有相关法律文件对地质资料的汇交进行详细规定。

表 3-1　我国现行有效的地质资料汇交法律规范

名称	时间	主体	有关规定
《中华人民共和国测绘法》	1992 年(2017年第二次修订)	全国人大常委会	第三十三条　国家实行测绘成果汇交制度。 第三十四条　测绘成果属于国家秘密的,适用国家保密法律、行政法规的规定;需要对外提供的,按照国务院和中央军事委员会规定的审批程序执行。 第三十六条　基础测绘成果和国家投资完成的其他测绘成果,用于政府决策、国防建设和公共服务的,应当无偿提供。除前款规定情形外,测绘成果依法实行有偿使用制度。但是,各级人民政府及有关部门和军队因防灾减灾、应对突发事件、维护国家安全等公共利益的需要,可以无偿使用。测绘成果使用的具体办法由国务院规定。
《中华人民共和国测绘成果管理条例》	2006 年 9 月1 日起施行	国务院	第四条　汇交、保管、公布、利用、销毁测绘成果应当遵守有关保密法律、法规的规定,采取必要的保密措施,保障测绘成果的安全。 第二十条　测绘成果涉及著作权保护和管理的,依照有关法律、行政法规的规定执行。
《地质资料管理条例》	2002 年(2017年第四次修订)	国务院	第三条　国务院地质矿产主管部门负责全国地质资料汇交、保管、利用的监督管理。省、自治区、直辖市人民政府地质矿产主管部门负责本行政区域内地质资料汇交、保管、利用的监督管理。 第四条　国务院地质矿产主管部门和省、自治区、直辖市人民政府地质矿产主管部门的地质资料馆(以下简称地质资料馆)以及受国务院地质矿产主管部门委托的地质资料保管单位(以下简称地质资料保管单位)承担地质资料的保管和提供利用工作。 第十六条　涉及国家秘密或者著作权的地质资料的保护、公开和利用,按照保守国家秘密法、著作权法的有关规定执行。 第二十三条　非法披露、提供利用保密的地质资料的,依照保守国家秘密法的规定予以处罚。

续表

名称	时间	主体	有关规定
《国土资源数据管理暂行办法》	2010年9月10日起施行	国土资源部	第十条 数据主管部门对数据实行统一汇交制度。 第三十二条 数据主管部门统筹协调地质资料与其他成果数据的利用,数据保管单位和地质资料保管单位应建立互联互通的信息服务系统,实现各类数据资源的综合开发、利用和管理。 第三十三条 数据涉及著作权和知识产权保护和管理的,依照有关法律、行政法规的规定执行。
《陕西省测绘成果管理条例》	2015年3月1日起施行	陕西省人大常委会	第四条 测绘成果实行无偿汇交、统一管理、资源共享、分类提供、定期更新的原则。
《河南省测绘成果管理办法》	2012年4月1日起施行	河南省人民政府	第八条 测绘成果实行无偿汇交制度。基础测绘成果应当汇交副本,非基础测绘成果应当汇交目录。 第十四条 未经测绘成果所有权人同意,测绘成果保管单位及其工作人员不得擅自开发、利用、复制、转让或者转借所保管的测绘成果。

(二) 汇交主体

1. 提交汇交资料的义务主体

承担地质资料汇交义务的主体从性质上包括自然人、法人和其他组织等所有民事主体类型,具体到义务人,又因测绘工作的性质而有所不同,涉及项目承担单位、项目出资人、矿业权人等几个概念。如《测绘法》规定的汇交人为项目出资人或测绘单位,而《地质资料管理条例》规定的汇交人是矿业权

人和出资人。① 按照出资关系,笔者将汇交主体大致分为两种类型:

(1)在国家出资的情况下,承担有关地质测绘工作的单位是汇交人。2006年国家启动地勘投资项目化管理,中央层面设置地质勘查基金,各省级政府设立省级地质勘查基金,基金实行"谁投资、谁所有"原则,基金来源以国家财政投资为主,同时吸收社会投资。在地勘基金模式下,国家以项目形式委托测绘单位、地勘单位完成测绘工作后,形成的地质资料交给地勘基金。由于地勘基金作为一级资金管理单位,不具有保管、使用地质资料的条件,地勘基金出资形成的地质资料由地方省级馆藏机构负责接收。地勘基金项目委托书的格式条款,明确约定项目承担单位负责保管完成的地质资料并承担汇交义务,如《中央地质勘查基金项目勘查合同书》第四条关于地质资料与成果的条款,规定地质资料包括项目实施过程中形成的原始资料、实物资料及成果资料。乙方(地勘单位)在项目实施过程中所形成的所有地质资料归出资方所有,乙方为项目资料汇交责任单位。

---

① 相关法规包括《测绘法》第三十三条规定:"测绘项目完成后,测绘项目出资人或者承担国家投资的测绘项目的单位,应当向国务院测绘地理信息主管部门或者省、自治区、直辖市人民政府测绘地理信息主管部门汇交测绘成果资料。"《地质资料管理条例》第七条规定:"在中华人民共和国领域及管辖的其他海域从事矿产资源勘查开发的探矿权人或者采矿权人,为地质资料汇交人。……但是,由国家出资的,承担有关地质工作项目的单位为地质资料汇交人。"《地质资料管理条例实施办法》第六条规定:"《地质资料管理条例》第七条第一款规定的地质资料汇交人,在转让探矿权、采矿权后,其汇交义务同时转移,探矿权、采矿权的受让人是地质资料的汇交人。"第七条规定:"地质工作是由两个或者两个以上的出资人共同出资开展的,出资各方对地质资料汇交义务负有连带责任。中外合作开展地质工作的,参与合作项目的中方为地质资料汇交人,外方承担汇交地质资料的连带责任。"

（2）社会出资的情况下,出资人是汇交人。社会出资情况下,地质勘查单位受出资人委托绘制地质资料,全部资料的所有权最终都归出资人所有。因此,《地质资料管理条例》规定,由出资方负责汇交资料。但值得注意的是,《地质资料管理条例》对矿产资源勘查领域形成的地质资料,汇交义务主体特别规定为矿业权人。矿业权人包括探矿权人和采矿权人,是指合法持有采矿权和探矿权证书的自然人或法人。《地质资料管理条例》为何对矿产勘查地质资料做出特别规定,笔者没有找到明确的政策解释。可能的原因在于我国长期的矿产资源管理中,为了打击私自倒矿、随意卖矿、炒矿牟利等破坏矿业开发秩序的行为,对涉及矿业权的资产经营行为有着十分严格的限制。按照我国《矿产资源法》《矿业权出让转让管理暂行规定》等相关文件,矿业公司的合并、分立,与他人合资、合作经营,作价出资、合作勘查或开采、上市等行为都是矿业权转让行为,相关出资方必须按照矿业权转让流程办理矿权主体变更手续,变更后的出资方是矿业权人。在现行矿产资源的严格管理体制下,矿业权人和出资人几乎统一。

但《地质资料管理条例》的特别规定,除了容易引发对矿产勘查地质资料汇交的误解,也不符合矿业权的物权地位。矿业权属于我国《物权法》第五章规定的用益物权,矿业权人享有矿产资源的占有、使用、管理、收益等权能。矿产资源勘查开发中,矿业权人可将矿业权评估作价后投入资本市场,运用股权、基金等多种形式获得社会投资。从肯定矿业权的物权价值、鼓励矿业权市场实践的角度看,矿业权人和出资人的关系类似公司法人与股东,两者都是相对独立的责任主体。无论是统一还是区分,《条例》需要对矿业地质资料的汇交主体统一口径,将汇交主体明确为出资人。

2. 接收汇交资料的管理机构

国土资源部是地质资料管理的最高负责机构,为便于汇交、保管工作,国土资源部将职能委托给地质资料馆藏机构具体行使。目前,我国承担有地质资料的接受、验收、保管和利用工作的单位主要包括:①全国地质资料馆。②省级国土资源行政部门下设的地质资料馆藏机构,国土资源主管部门所属的地质资料管理机构。③地质测绘主管部门授权或指定的测绘成果档案管理机构以及受托保管原始和实物地质资料的单位。④受国土资源部委托接收地质资料的管理单位,如中石油、中石化、中海油受托保管石油天然气地质资料;有色金属集团负责管理放射性矿产地质资料等。

(二) 需汇交的地质资料

依法必须汇交的地质资料,按照测绘阶段可以分为原始地质资料和成果地质资料两种类型。① 原始地质资料是勘查中形成的第一手材料,包括各种原始测试数据、测量结果数据汇总表和数据库、实际材料图、工程布置图、井探图、地质剖面图等。成

---

① 法定汇交的地质资料还包括实物地质资料,因其不涉及版权问题,不纳入研究范围。笔者所称的地质资料仅指原始资料和成果资料。

果地质资料是在原始资料基础上分析形成的成熟材料,包括各种地质报告、地质数据库、分析图件等。

对于地质资料汇交的范围,国土资源部和测绘系统有不同规定。根据《测绘法》《测绘成果管理条例》,我国测绘系统的地质资料汇交对象是:属于基础测绘项目的,汇交成果地质资料的副本;属于非基础测绘项目的,只汇交成果地质资料的目录。基础测绘是指建立全国统一的测绘基准和测绘系统,进行基础航空摄影,获取基础地理信息的遥感资料,测制和更新国家基本比例尺地图、影像图和数字化产品,建立、更新基础地理信息系统。① 基础测绘是各类测绘活动的前提,形成的测绘成果是重要的地理信息数据源,对国民经济建设和社会用图有基础性作用。目前我国的基础测绘主要由国家投资完成,以项目招标或行政指令方式交给测绘系统事业单位完成。非基础测绘是基础测绘以外,为满足特定目的的测绘活动,如为绘制旅游地图进行遥感测绘。非基础测绘主要由社会投资完成,只汇交目录。

基于国土资源部的《地质资料管理条例》《地质资料管理条例实施办法》等规定,地质资料的汇交原则是:成果地质资料全部汇交;原始地质资料以汇交目录为原则,但国家另有规定的除外。《地质资料管理条例实施办法》(国土资源部第 16 号令)以附件形式发布了原始地质资料的汇交细目,2012 年国土资源部

---

① 《中华人民共和国测绘法》第十一条。

发布的《国土资源部办公厅关于进一步加强原始地质资料管理的通知》将其称为《原始地质资料汇交细目》。该《通知》明确，凡在中华人民共和国领域及管辖的其他海域，以及由国家财政出资在境外从事地质工作所形成的原始地质资料，都必须依法将资料汇交给相应的国土资源管理部门。①

从现有规定看，测绘系统和国土资源部的规定虽然名称不相同，但精神基本一致：国家财政出资完成的资料，必须全部汇交；社会资本出资完成的资料，原则上只汇交目录，但如果资料涉及国家基础地理信息，或者对其他相关勘查工作有帮助作用，能避免重复勘查、减少相关勘查成本，也可特别规定要求汇交全部材料。

---

① 《原始地质资料汇交细目》规定的必须汇交的原始地质资料范围几乎覆盖全部类型，包括：一、区域地质调查资料：各种原始测试数据、鉴定结果、测量结果数据汇总表(含数据库)，实际材料图，主干剖面实测和修测剖面图，物化探、重砂成果图。二、矿产资料：(一)矿产勘查地质资料：工程布置图，钻孔柱状图，重要槽探、坑探、井探图，各种岩矿测试、分析数据汇总表(或数据库)，各类测量结果数据汇总表，有关物探、化探原始地质资料。(二)矿产开发地质资料：各中段采空区平面图、剖面图，采探对比资料，各类测量结果数据汇总表。三、石油、天然气、煤层气地质资料：工程布置图、实际材料图，各类物探、化探原始数据体、成果数据体，参数井、区域探井、发现井、评价井的录井、测井、分析化验原始数据汇总表。四、海洋地质资料：各类工程布置图，实际材料图和实测资料，各类野外原始记录，各类原始测试分析数据、各类测量结果数据汇总表，有关的物探、化探、遥感原始资料。五、水文地质资料：各类工程布置平面图，所有钻孔柱状图，各类试验、测试、监测原始数据、测量结果数据汇总表，有关物探、化探原始资料。工程地质资料：软土地区钻进基岩钻孔柱状图、不良地质工点控制性钻孔柱状图、深度超过30米的钻孔柱状图，实际材料图，各类工程布置图。六、环境地质、灾害地质资料：各类工程布置图、实际材料图、钻孔综合成果图，各种调查、测试、监测原始数据及测量结果数据汇总表。七、物探、化探地质资料：各类测量、分析测试原始数据汇总表，实际材料图。八、地质科研等其他地质资料：实际材料图、重要的原始测试、分析数据、样品位置的空间数据汇总表。

（三）汇交后的各方权利

1. 地质资料汇交人

汇交人对保护期内的商业性地质资料享有使用权。按照相关规定,非公益性的地质资料享有最长10年的保护期。在保护期内的地质资料,未经汇交人许可,馆藏机构不得公开、利用地质资料。法人或其他组织、个人利用非涉密资料的,需要获得资料汇交人同意并签订协议,明确双方权利义务。如果非公益性地质资料涉及国家秘密,还需遵守保守国家秘密法的相关规定。

汇交人对有独创性的地质资料享有著作权。《地质资料管理条例》《测绘成果管理条例》等文件规定,如地质资料涉及著作权及其他知识产权,按照有关法律、行政法规的规定执行。

2. 地质资料馆藏机构

按照现行汇交制度要求,汇交到各管理机构的地质资料都按照《保守国家秘密法》《档案法》的规定,作为重要档案入馆封存。管理机构对汇交后的地质资料至少享有以下权利:第一,地质资料原件所有权。第二,地质资料的公开权。除根据地质资料密级决定是否向社会公开以及如何公开外,对于处于保护期、没有解密的地质资料,管理机构可根据当事人申请,允许申请人阅读、借阅地质资料,获取地质资料的信息。如果地质资料处于保护期,需要申请人获得汇交人同意才可接触资料;如果地质资料属于密级,则需按照《保守国家秘密法》规定,需要限制申请人资格并履行相关手续。第三,地质资料复制权、使用权和许可他人使用权。地质资料管理机构可向申请人提供地质资料复制件,申请人只需缴纳相应的复印费。一些地质资料管理机构还提供地质资料的定制服务,管理机构根据申请人要求,将地质资料选择、整合、处理。申请人获得复制件后,可根据自己的目的对地质资料进行再复制、修改。

二、汇交在版权层面的意义:版权转让

(一)现行规定的缺失导致地理信息服务失去权利平台

在现行汇交制度下,所有成果地质资料、大部分原始地质资料原件都需在法定期限内汇交给地质资料馆藏机构,由馆藏机构按照相关法律规定向社会公开、利用。地质资料的汇交行为,将地质资料出资人、创作人和国家馆藏机构勾连在一起,他们之间因为汇交而产生法律关系,也因汇交的法律性质而划分地质资料权益。汇交前,地质资料汇交人享有地质资料原件的所有权,享有完整的物权地质资料的版权,对地质资料承载的地理信息可基于商业秘密获得垄断权;汇交后,地质资料汇交人不仅丧失地质资料原件的所有权,也丧失对地理信息的控制。国家投资的地质资料汇交后无偿公开,地理信息进入公共领域;商业投资的地质资料最多可有十年的控制期。现行汇交制度对地质资料的权益划分,其实涉及物质载体和地理信息两个层面,但遗憾的是,相关配套法律文件缺少从地理信息层面给予地质资料汇

交关注,只是原则性规定了地质资料保护期,对保护期设定的法律基础、权利义务分配缺少全面界定。

如第一章介绍,我国地质资料管理与服务制度在相当长的时期内是计划模式的,是以保守国家秘密为根本宗旨的。馆藏机构对汇交地质资料基本束之高阁,此时的地质资料只是资料,而非商品。但正在进行中的地理信息服务机制,却是围绕地质资料公开、使用、收益而展开的,兼具市场化和公益化的复杂工程。地质资料汇交制度如不能在地理信息层面对地质资料权利划分给予安排,将导致地理信息服务机制的权利平台缺失。以地质资料数据使用为例,地理信息将地质资料数字化并上传至数据平台,建立地质资料数据库,向社会公众提供资料查询、下载,允许第三方地理信息服务企业对地质资料进行再加工等,属于地质资料版权的复制、改编、网络传播等权利,原本这些权利是地质资料汇交人享有。只有明确地质资料馆藏机构拥有汇交后地质资料的版权,这些行为才具有合法性。但现行制度并没有明确赋予汇交版权转让意义,这使得馆藏机构对汇交后的地质资料使用实际处于于法无据的尴尬状态。

(二) 汇交是地质资料版权转让行为

赋予汇交行为版权转移的效果,有版权转让和版权许可使用两种方式。版权转让是著作权人依据合同将其依法享有的著作权全部或部分转让给非著作权人的行为,版权受让人成为著作权财产权的新主体。版权许可使用是著作权人在不丧失著作权主体身份的前提下,授权第三方使用著作权中的某些专有权利。版权转让和版权许可的区别在于,版权转让后,原著作权人丧失著作权的全部或部分,受让人成为著作权继受主体。版权许可使用,原著作权人并不丧失主体身份。按照我国《著作权法》规定,版权转让应当签订书面合同,在合同中对作品名称,转让权利种类、地域范围,转让价金及交付日期和方式,违约责任等进行约定,受让人不得行使转让合同中未明确转让的权利。

结合我国地理信息服务机制的目的,笔者认为,应该明确赋予地质资料汇交是版权转让,而非版权许可使用。地理信息服务的目的是提高地质资料共享程度和利用效率,促进地理信息产业发展,地质资料馆藏机构必须拥有许可第三方复印、改编、传播地质资料的权利。如果是版权许可使用,地质资料馆藏机构不是独立的权利主体,馆藏机构的权利行使还会受到原著作权人的限制,不利于简化地理信息服务中的法律关系。地质资料汇交后,将地质资料版权转让给馆藏机构可以兼顾汇交人权利。如前分析,汇交的地质资料或者是国家财政投资完成的公共产品,版权转让给国家是应有之义。而在社会独立投资或国家投资的情况下,地质资料汇交会导致版权主体转移,似有侵害投资人私有财产权的担忧。笔者认为,现行规定要求投资人必须按期汇交地质资料是因为地质资料是国家基础建设的重要前提性资料,地质资料反映的地理信息对国家经济建设、国土安全意义重大,投资人承担法定汇交义务,是服从公共利益需求的必要牺牲,投资人将版权转让给政府,也是对公共利益的服从。通过合理的权利分配,地质资料版权转让并不会威胁投资人的根本利益,将在第三节作详细建议。

第二节　汇交前后地质资料的版权归属

一、汇交前地质资料版权原始主体

（一）按照财力投入原则确定地质资料版权主体

1. 版权归属的智力投入和财力投入原则

世界范围内,作品版权原始归属大致分为两种思路,一是主要在大陆法系国家适用、强调创作人格属性的"Author Right"思路,以作品智力投入为原则确定原始主体。该思路将作品权利分为人身权和财产权,作品人身权绝对由创作人所有,财产权可以转让。二是强调作品经济价值的"Copy Right"思路,以作品财力投入为原则,版权原始主体为出资人,主要在以美国为代表的英美法系国家适用。近年来,随着作品创作商业化趋势的加重以及两大法系的相互吸收,大陆法系也认同财力投入者的版权主体地位,特别是在职务作品、委托作品中直接赋予法人、委托人版权原始主体地位,如《俄罗斯联邦著作权与领接权法》(1994)第 4 条规定"作者是以其创造性劳动创造出作品的自然人",第 14 条规定"作者同与之组成劳动关系的人（雇主）所签订的合同中没有其他规定的,职务作品的专有使用权属于雇主"。

我国对财力投入者的立场折中了大陆法系和英美法系的观点,大部分作品的归属强调保护智力创作者,但在委托作品、职务作品和法人作品的归属上,兼顾了财力投入者的利益。这种安排,一定程度上表现出我国立法的矛盾态度,给司法实践和理论研究造成一定困扰。"目前有关各类作品著作权归属的规定采取不同的归属方法,有采取统一归属的,有采取权利分置的,有故意留白的,立场的混乱和让人眼花缭乱的做法只能徒增争论和困扰,不如从统一的立场出发,相似情况相似处理,提供相互一致的一揽子解决方案,可以节约立法资源,有效避免当事人功利性选择规则和法院的肆意判决,影响法律公正。"①

综上,我国版权制度在作品人格利益和经济利益、财力投入者和智力投入者的利益划分上,并没有形成统一权威的看法,对财力投入者的版权主体地位没有采取一种绝对的"非是即否"的态度。现行版权制度为财力投入者的利益维护保留了空间。而这个空间的广度,其实是版权利益平衡精神的指导结果,需要根据作品的属性和社会需求作针对性判断。

2.地质资料版权归属宜采用财力投入原则

总体而言,版权归属于创作者(智力投入者)并不是唯一的选择。当财力投入保护的权重大于智力投入时,可以在立法层面明确财力投入者的法定主体地位。这种制度安排就其本意并

---

① 参见邹晓红、许辉猛:《智力投入者和财力投入者分离下的著作权归属研究——评我国的委托作品、职务作品和法人作品制度》,《湖南大学学报(社会科学版)》2010年第2期,第128页。

不是否定版权以智力成果为保护对象的基本原则,而是在利益平衡原则下的一种灵活安排。目前,我国地质资料创作已经市场化。创作启动依靠政府基金或社会投资,创作目的不是满足个人精神需求,而是出资人的经济行为。地质资料不是精神娱乐的产品,而是市场交易中的商品。对于出资方而言,地质资料中反映的地理事实是其从事经济活动的基础,是其经济投资行为的利益载体。地质资料版权中的复制、演绎等权利归属于地勘单位后,版权无疑和投资方财产权形成利益冲突。为解决此冲突,有必要对地质资料委托作品的版权归属作出特别规定:地质资料版权原始主体应法定为出资方。

第一,地质资料的经济属性大于人格属性。不同于小说、诗歌、绘画等传统作品蕴含的丰富的人格特性,地质资料属于科学作品、事实作品范畴。创作者的目的是更可能真实地反映客观地理事实,而非表达个人诉求。创作动因也非个体色彩,是基于出资人的委托服务于某项工业建设行为。地质资料在性质上更接近经济性而非人格性。

第二,从地质资料的利用效率而言,将版权赋予出资人更有利于提高地质资料的效益价值。地质资料是对某一特定区域地理现象的记录,被勘查地理区域的范围,以及需要记录的地理信息都来自于出资人的选择和指定,是以满足投资方经济活动需要所进行的定制作品。地质资料的创作带有十分明确的目的性。正因为如此,地质资料归属于出资方,才能发挥出更加充分的经济价值。笔者在调研中经常发现,地勘单位在完成绘制工

作中往往不愿意保留地质资料,因为地质资料是为了满足特定
工作目的而绘制的,地勘单位并不直接参与后期建筑、矿山开发
等特定工作,地质资料对他们毫无用处。所以,地勘单位绘制完
资料后便会将资料转交给委托人(出资人)。出资人对地质资
料的利用效率远远大于地勘单位。

第三,地质资料的版权归属于出资方还有助于提高作品的
生产效率。在地质资料创作市场中,虽然智力创作者是十分珍
贵的资源,但相对于资金资源,后者的稀缺度更大。在市场竞争
环境中,只要投资方有足够的资金力量,完全有能力找到合格的
地勘单位完成资料创作。反之,地勘单位在缺少资金支持的情
况下,既无创作地质资料的动力,也很难生产出合格的地质资
料。地质资料版权归属与投资方,在地勘单位和投资方的利用
冲突中优先保护投资方的经济利益,保证投资方的资金成本回
收和经济收益,才能促进投资方进行地质勘查的热情,创作出更
多的地质资料作品。

(二) 地质资料版权原始主体

1. 地勘基金管理中心

地勘基金管理中心(全称中央地质勘查基金管理中心)成
立于 2007 年 9 月,是国土资源部直属事业单位。管理中心接受
财政部和国土资源部委托专职负责中央地质勘查基金的组织实
施与日常管理,包括:①组织实施中央地勘基金投资项目的立
项、监管、评审验收和成果处置。管理中心以全额投资为主、合

作投资为辅,对地质勘查进行市场化、合同制管理方式,以协议方式约定地勘中心、合资方和勘查单位的权利义务关系。勘查找到矿产、形成地质资料的,管理中心申请登记为矿业权人,获得地质资料的全部权利;如果是合作投资的,地质资料仍由地勘中心持有,但合资各方有权按照协议约定主张相关经济收益。②根据财政部、国土资源部《关于深化探矿权采矿权有偿取得制度改革有关问题的通知》的规定,履行出资人权利,监督、管理国家出资形成的矿业权股权,股权收益用于补充地勘基金。③申请登记中央地勘基金独资项目的矿业权。④研究实施国家矿产资源战略储备制度。

按照财力投入原则,地勘基金管理中心作为地质资料创作的出资人,是地质资料的原始主体。在合作出资的情况下,出资方包括中央地勘基金管理中心、地方政府地勘基金管理中心和社会出资人。其中,地方政府地勘基金管理中心和中央地勘基金同属国土资源系统的事业单位,其出资性质均为国家出资,出资主体资格可以合并。社会出资性质虽然与地勘管理中心出资性质不同,但在现行地勘运作模式下,社会资本和地勘基金合作出资的情况并不常见。从制度构建的角度分析,为了简化地质资料版权主体关系,该情形的地质资料原始主体仍应为地勘管理中心,但要保证好社会出资方的经济收益。

2. 出资人

如前分析,在地质资料信息服务产业化机制中,社会投资

主体已经成为商业性地质勘探最核心的出资人。由于我国对
地质勘查从业资质有十分严格的规定,社会组织的勘查需求
都必须委托给相应资质的勘查单位完成。如果是招投标项
目,出资人应将勘查项目委托设定的行政指定的交易机构,以
公开方式委托给某地勘单位具体实施。法定招投标范围之外
的项目,可以平等协商方式直接与地勘单位签署委托勘查合
同。出资人和地勘单位之间是委托创作关系,形成的地质资
料是委托作品。按照我国《著作权法》规定,"受委托创作的
作品,著作权的归属由委托人和受托人通过合同约定。合同
未作明确约定或者没有订立合同的,著作权属于受托人"①。
建立地质资料原始版权归属于出资人原则后,出资人不再受
该条约束,法定获得地质资料版权。这样的规定,也和汇交制
度中出资人承担汇交义务的原则一致,便于理顺地质资料管
理机构和出资人之间的关系。

二、汇交后地质资料的版权继受主体

(一) 政府可成为版权主体

在版权法原理中,大部分国家允许政府对官方文件持有版
权。英国、澳大利亚根据版权法规定认为地质资料的版权归属
于政府,而德国则是以特别立法形式赋予地质资料版权,并由政

① 《中华人民共和国著作权法》第十七条。

府持有版权。在英国,BGS 和 OS 根据《1988 年版权、设计与专利法案》对其勘查完成的资料持有皇家版权。两机构在版权持有上相互独立,对其成果各自享有、独立行使版权。使用者在申请使用地质资料时,要根据地质资料版权主体分别提出许可申请。① 澳大利亚地质勘查局(GA)承担国家的地质勘查工作,隶属于地球科学部,地球科学部对地勘局制作完成的地质数据和材料持有政府版权。如有涉及第三方投资,以及地质勘查局和其他单位合作完成的地质资料,投资者与合作方需签署版权许可使用证书,地球科学部作为这部分资料的继受作者将版权归入名下。投资方和合作方可保留署名权,可在原范围内继续使用地质资料,但不得复制、发行或允许第三方使用。② 德国《General Standard Terms and Conditions》(GSTC)法案第三条专门规定,地质资料的合作伙伴不享有版权,只能根据著作权法第三十一条享有用益权,且是单项非专有的简单使用权,合作方只有经行政特别授权程序才可允许第三人接触地质作品。③

在美国,1976 年《版权法》规定美国联邦政府的任何文件不适用版权保护,所以 USGS 对联邦政府投资完成的地质资料不能持有版权,任何人都可以将属于公有领域的联邦政府的文件加以复制。但因为《版权法》同时规定政府可接受社会组织、团

---

① BGS,copyright of us,http://www.bgs.ac.uk/Mendips/copyright.html.

② GA,commercialuselicence,http//www.ga.gov.au/image_cache/GA18449.pdf.

③ General Standard Terms and Conditions,http://www.bgr.bund.de/DE/Gemein-sames/Produkte/Downloads.

体、个人赠与、授权的版权,也允许各州政府自行决定政府是否放弃版权,所以,美国地质资料在政府持有层面包括放弃版权和保留版权两种情形。在放弃版权的情况下,联邦政府等通过其他方式对地质资料的使用进行保护。虽然联邦政府按政府信息自由公开原则,将政府公文置于自由使用的公共领域,但具有较高经济价值和安全价值的公文被排除在公开范围外。美国《信息法案》规定涉及国家信息安全的地质图件,如石油勘查材料等可以不向公众开放,USGS 据此拒绝公开此类型地质资料,使用者必经 USGS 同意后才可接触。此外,USGS 积极进行地质资料的商业开发利用,包括接受投资者委托修改完善资料,按照用户需求提供定制地质信息等,受托完成的资料版权属于委托方,USGS 尊重它们的版权。但 USGS 在接受委托时会审查委托方保证地质资料信息安全的能力,交付地质资料时会签署正式的保密协议(non-disclosure agreement),对委托方行使地质资料的行为进行保密限制。①

我国《著作权法》第九条规定的著作权人是作者和其他依法享有著作权的公民、法人或其他组织,政府是否包括在其他组织之中,并没有明确提及。但在我国法学原理中,国家一直被视为特殊的民事法律关系主体之一。我国《著作权法》第十九条规定,著作权属于法人或其他组织的,法人或其他组织变更、终止后,其作品版权中的复制权、发行权、信息网络传播权等财产

---

① USGS: PatentsandLicensing, http://www.usgs.gov/tech-transfer/patents_licensing.html.

权利如果尚在保护期内,这些权利由承受其权利义务的法人或其他组织享有,若没有权利义务的承受人,由国家享有这些权利。我国《著作权法》仅否认法律、法规,国家机关的决议、决定、命令和其他具有立法、行政、司法性质的文件及其官方正式译文的可版权保护性。对于政府委托创作完成的、不属于立法、行政、司法范畴的其他资料或文件,并没有将它们排除在版权法范畴之外。从这个意义上讲,我国政府对其委托创作完成的地质资料主张版权,并没有违背法律原理和现行法律规范,法律理论上可行。

(二) 国土资源部是继受主体,委托给馆藏机构行使

如前所述,汇交后地质资料的管理机构是全国地质资料馆、隶属于国土资源厅的地质资料管理机构、隶属于各地方测绘系统的测绘成果管理机构、受委托管理特殊地质资料的国有单位四种类型。前三种类型的管理机构的最高管理机关是国土资源部,其掌握的地质资料的最终主体是国土资源部。第四种类型是受委托国土资源部管理,这种委托关系不改变资料的所有权主体,也是国土资源部所有。从简化地质资料版权主体关系的角度看,由国土资源部成为地质资料版权的继受主体,是最佳的合理选择。隶属于国土资源部的地质资料馆藏机构,可接受国土资源部委托,承担地质资料版权的行使、开发、维护等具体工作。

由国土资源部成为版权继受主体,是我国现行地质资料管

理体制没有涉及的新内容。制度革新能否顺利推行,关键是在赋予汇交版权转让效力后,对国土资源部、下属地方地质资料管理机构、汇交人等相关群体的利益分配作出合理安排。以版权为基础,构建起符合我国国情的地质资料管理体制。

第三节　汇交后地质资料的版权权利分配

一、汇交人持有的版权内容

(一) 署名权

署名权是作者身份权的体现,作者在行使署名权时不能损害社会公共利益,更不能有欺骗行为。地质资料作者可以根据自己的意愿选择在地质资料上署名或不署名,但作者放弃署名并不意味着他放弃版权,也不意味着作者再无署名权利,作者可随时行使署名权。在他人创作的地质资料上署名的行为侵犯作者的姓名权和署名权。我国地质资料管理机构鲜有署名意识,在一些省级地质资料数据库中随机查询的地质图件或报告,很难发现这些资料的作者姓名。这与能源发达国家相比存在比较突出的差距。以澳大利亚为例,GA 网站上提供的所有资料都会在右下角注明有"@××"字样,标注出该份资料的作者,同时在资料的目录页面会有专门的版权信息公示。对于资料使用中衍生形成的新资料,应必须注明"基于澳大利亚地球科学数据"的字样。

This map is copyright. Geosciences Australia is the owner of the copyright subsisting in this map, any unauthorized copying of this map is unlawful. It is a condition of sale that copying in any form, or by any means is not permitted. Without in any way limiting the generality of the above the purchaser, or user of his map shall not:

Copy by raster scanning, or

Copy by digitizing

图 3-1　澳大利亚地质调查局的权利管理信息①

我国《著作权法》规定,在无相反证据的情况下,在作品上署名的人视为作者,在无法查明署名的情形下,作品便被视为无作者作品。因此,署名权不仅是作者人格衍生的精神权利,还是明确地质资料其他版权内容归属的基本依据。规范地质资料署名行为,对建立地质资料管理开发良好秩序有着十分重要的意义。从我国地质勘查实际情况看,一方面要积极鼓励地质资料作者在资料上署名,主要是国土资源部、各国土资源厅、地质勘查单位和社会投资人,同时明确衍生作品需同时注明现作者和原作者。在地质资料信息服务中,资料提供方应保证作者署名权被正确标注,应在醒目位置标注并作出版权说明。

(二) 修改权和保护作品完整权

该权利以充分尊重地质资料创作者在资料完成中展现出的个性和作品本身为目的。修改权仅能对作品内容作局部变

---

① GA:Copyright of us,http://www.ga.gov.au/image_cache/GA18342.pdf.

动或修正文字、用语。对作品进行修改的结果一旦产生新作品,就不再是修改,而是演绎权中的改编行为。地质资料作者享有的保护作品完整权不受经济权利的影响。地质资料版权人在将地质资料交易、汇交、转让时,虽然地质资料版权中的经济权利被转让或许可他人使用,地质资料作者仍有权禁止使用方对地质资料进行歪曲、割裂或其他更改,或有损于其声誉的行为。

（三）相关财产权

我国地理信息服务机制按照地质资料投资性质和所涉内容,将地质资料分为公益性和商业性两大类型。公益性地质资料以国家财政投资为主,与汇交财产权益冲突不大。商业性投资是社会资本为满足项目需求而创制,出资人按照要求汇交资料后,地质资料还要继续支撑项目运行。地质资料蕴含的项目信息关系汇交人商业目标的实现,为保护项目利益,汇交人往往拒绝公开资料。现行地理信息服务机制的解决方案是,为商业性地质资料设定最长十年的保护期,保护期内的地质资料虽然汇交给馆藏机构,但馆藏机构只公布目录,未经汇交人同意第三方不得公开资料内容。在全国地质资料馆下属的商业性地质资料信息网站上,我们只能查阅到保护期内地质资料的名称、馆藏地点、汇交人、联系方式等信息。

汇交后的商业性地质资料,馆藏机构虽然基于地质资料版权而获得使用地质资料的权利,但保护期内的地质资料还没有进入公共财产领域,汇交人还持有使用权。对这组矛盾,成果建议:汇交是地质资料版权转让行为,这是构建地理信息服务机制的基本前提,商业性地质资料汇交引发的财产权益冲突,只能在版权框架内解决。汇交人对商业性地质资料产生价值诉求,是因为地质资料为其项目提供必需的地理信息。保护汇交人地质资料使用权的核心,是保证汇交人不因汇交而丧失地质资料信息的使用权和排他占有权。利用版权默示许可原理,成果提出如下构想:汇交人丧失地质资料版权后,在投资需求范围内行使地质资料的复制权和改编权,以保障投资项目顺利进行,但不得行使出版、发行、出租等其他财产权利。馆藏机构、依法获得资料的社会组织和公民对地质资料的使用,不得侵犯汇交人的商业利益。

1. 地质资料使用权,包括为满足投资需要的自己使用和允许他人使用。地质资料原件汇交后,地质资料汇交人是否可持有地质资料复制件,现行法律没有明确禁止。从地勘实践看,国家地勘基金投资绘制的基础性地图的汇交率较高,社会资本出资创制的地质资料,出资方持有复制件的情况比较普遍。究其原因,一方面是我国之前对商业性地质资料重视度不够,另一方面,也是这类型地质资料往往和具体的建设项目相关,地质资料对出资方有重要价值。除了项目建设需求外,项目后续估值、矿权转让等经济行为也离不开地质资料的使用。如果剥夺汇交人对地质资料的使用权,会导致出资人无法实现创制地质资料的预期,有违公平原则。

为保证汇交人必要的经济利益,应允许汇交人享有汇交地质资料复制件的使用权。使用权包括物的层面和版权层面。就物的层面,是对复制件的占有、使用、处分;在版权层面,是对复制件的复制权和改编权。我国《著作权法》规定,版权作者享有的财产性权利包括复制权、发行权、出租权、展览权等 13 种权利。出资方享有的版权层面使用权,具体有如下构想:

第一,仅限于满足出资方实现投资目的。如前分析,地质资料汇交后,地质资料版权已全部转让给政府,汇交人原则上不再是地质资料的版权主体。但出资人要达到投资目的,又离不开对地质资料承载信息的利用,地质资料汇交人和馆藏机构在地质资料版权使用上存在一定冲突。出于对出资人商业利益的尊重,笔者建议,应允许出资人在投资需求范围内,享有地质资料版权。

第二,使用权限于复制权和改编权。出资人对汇交地质资料版权的使用,主要表现为将资料复制多份,提供给相关专家、单位阅读、使用,并根据需要修改地质数据。因此,可保留出资人对地质资料版权的复制权和改编权,投资者仅可自己使用,也可允许与投资目的有直接关系的第三方使用,但禁止出资方擅自发行、出版、出租等其他版权行为。

2. 商业利益不受侵犯的权利。为了鼓励更多的资金进入地质勘查领域,一些国家将"投资人的商业利益"明确作为限制地质资料使用的理由。"在调研的 20 多个国家中,绝大多数都规定了地质资料的保密期,该期限内禁止任何人公开或泄露地质资料,以保护投资人的商业利益,其中六个国家还赋予地质资料永久性专有权。法律制度提供给投资人稳定的利益预期,是鼓励投资、保障资金的重要机制"①,如 1995 年《俄罗斯联邦矿产资源法》第二十七条"矿产所有人……可以规定使用条件,包括将其用于商业目的"。2000 年《阿塞拜疆共和国地下资源法》第三十二条规定:"执行人员由于科学或教育目的,在对地下资源的有关经营活动中,有权使用积累的资料,但不得损害客户按照协议获得的商业利益。"我国一些矿业大省颁行的地方性法规中,也出现了关于保护商业利益的明确表达,如 1992 年《陕西省地质资料汇交管理规定》第十条规定:"资料管理机关应对汇交单位新发现的和详查的基地资料保密。对……以及直接涉及汇交资料单位经济权益的地质资料,汇交单位可提出该资料的保密期限(一般不超过五年),资料管理机关在保密期限内采取保护措施。"

二、国土资源部(委托给地质资料馆藏机构行使)持有的版权内容

(一) 复制权

复制权是版权经济权利中的核心权利,是以特定方式对作

---

① 国土资源部地质勘查司编:《各国矿业法选编》,大地出版社 2005 年版,第 1202—1204 页。

品的"再现"。我国《著作权法》第十条第一款第五项将复制权定义为"以印刷、复印、拓印、录音、翻录、翻拍等方式将作品制作一份或者多份的权利"。该条款明确列举的行为方式集中为从平面到平面的复制,但从复制的法理要件分析,复制行为也包括平面和立体形式的空间转换,比如作家绘制的福娃是平面美术作品,根据其制作成立体的福娃玩具,是典型的从平面到立体的复制行为。

地质资料汇交后,传统意义上的复印和网络数据库的在线服务都普遍涉及复制权。地质资料信息服务产业化中,以地质资料馆为主体的信息服务商将地质资料上传到服务器后,以地质数据库为允许平台,向社会公众、科研教育工作者、商业使用者等提供在线咨询、资料检索、资料定制等服务。地质资料用户可以利用电脑、智能手机等移动终端随时随地的访问地质资料馆。用户可以在线检索、阅读、研究地质资料馆免费提供的公益性、基础性地质资料,也可以在线付款后阅读、下载收费资料。地质资料信息服务是多级多层级的服务系统,地质资料馆除了提供馆外信息服务,还建立有馆际互享系统,各地质资料馆之间资料共享。在信息服务中,地质资料数字空间中的复制是地质资料信息服务产业化的基础。地质资料馆服务行为的版权意义是版权复制权。地质资料使用者通过地质资料网络服务接触并利用地质资料时,没有在本地计算机硬盘上产生永久性复制件的在线阅读等行为,不构成复制,但下载地质资料,将下载的地质资料发送给其他用户则是典型的复制行为,使用者应获得版权许可或遵守合理使用的限制性条件。

（二）演绎权

广义上的演绎权是对原作改编、翻译的权利,我国《著作权法》规定的演绎、改编、翻译、制片、汇编都属于演绎权。如果仅是对地质资料作品进行文字、颜色、版面的部分修改,修改后的结果不能达到独创性要求,便属于人身权中的修改权。只有利用地质资料作品产生出新作品时,新作品同时构成原作品的演绎作品。

地质资料是对地理信息的揭示、表达,不同类型的地质资料在地质信息的表达内容、范围、精确程度上会有不同,使用者有时需要综合多份地质资料形成满足自己特定需求的新资料。由于地质结构的复杂性,地质资料的创制工作要经历普查、详查、勘查几个阶段,是一个从粗略到精细、从概括到具体的过程,创制一份全新的地质资料作品除了科学技术勘查外,对其他现有相关资料的比对研究、分析借鉴必不可少。从这个意义上讲,地质资料往往都会具有一定的演绎作品属性。馆藏机构持有的演绎权,是允许他人再创制地质资料的基础性权利。

（三）传播权

"公演权、广播权、朗诵权、发行权、放映权、有线转播权、出租权、展览权等皆与作品的传播有关,统属于传播作品的权利。"①传播权控制的是公开传播作品的行为,如果仅在私人空间中进行,如在私人聚会中播放音乐作品、家庭中欣赏电影等,不构成公开传播行为,不会侵犯版权人的传播权。何为"公开"传播,对于"公开"的范围我国《著作权法》没有明确解释,但从其他国家的做法看,公开相对于私人而言,只要传播范围超出私人成员,使不特定人群有可能接触到作品,便属于"公开"传播,如我国台湾地区著作权相关规定便将"公众"解释为不特定人或特定之多数人,但家庭及其正常社交之多数人不在此限。

我国《著作权法》规定的传播权按照传播手段包括无线传播、有线传播和网络传播三种形式,地质资料信息服务主要涉及的是网络传播行为。地质资料在线信息服务的主要方式有:①地质资料馆直接将数字化的地质资料置于开放式服务器中,用户可以在线点击阅览地质资料,查询相关信息,但不能下载、修改。②将地质资料上传至开放的网络服务器,用户不仅可以在线阅览,也可复制、下载、转发地质资料。目前,以全国地质资料馆、上海市城市地质信息服务网站为代表的地理信息服务机构面向用户提供基础地质图、遥感卫星地图、城市三维地图等地质资料的在线查阅、阅览服务,这些行为属于我国《著作权法》的信息网络传播行为。纳入地质资料版权机制后,地质资料馆藏机构对以上行为享有信息网络传播权,

①　吴汉东:《知识产权基本问题研究》,中国人民大学出版社 2005 年版,第 266 页。

"除法律、行政法规另有规定的外,任何组织或者个人将他人的作品、表演、录音录像制品通过信息网络向公众提供,应当取得权利人许可,并支付报酬"①。

① 《信息网络传播权保护条例》第二条。

第一节　版权管理的基本原则

一、以数字版权管理为核心

明确了馆藏机构基于汇交取得地质资料版权后,地质资料馆藏机构便可围绕地质资料版权完善服务机制。如前分析,法治化、类型化、数字化是我国地理信息机制的发展方向,地质资料版权管理原则上应以数字管理为主,重视数字版权管理系统的核心作用。如果说版权构建起地理信息服务机制的权利平台,数字版权管理系统则是决定此平台效能的关键因素。

数字版权管理系统(Digital Rights Management,简称DRM),是在数字产品的生产、传播、销售、使用过程中进行权利保护、使用控制与管理的技术①,也可被视作一种为保护内容提供商权利的系统解决方案。在 DRM 中,内容提供商利用信息技术手段保证数字图像、音频、视频等数字媒体仅能被合法具有权限的用户使用,以此保护数字媒体版权。② 目前,DRM 技术已经扩展到数字版权的描述、交易、论证、保护、监控、跟踪和版权持有者相互关系的管理上,常用的技术系统包括加密、公钥、私钥、数字证书、数字水印、存取控制、验证、安全内容存贮、权限描述语言等。③ DRM 被证明是数字环境下保护作品(图书、音乐、软件的内容和相关数据)免受非法复制和使用的有效手段,市场上有多种类型的软件能满足大多数的维权需求,如施乐公司和微软公司合作开发的 XRML(Extensible Right Markup Language,)主要对版权作品信息内容的使用情况进行跟踪监控,北大方正研究的 Apabi Rihgt Server 和 Apabi Retail Server 侧重网络环境下的下载权限分配,分发下载许可证。

就系统作用功能而言,DRM 功能发挥离不开两大支柱:技术措施和许可协议。DRM 的功能原理并不复杂,可概括为通过核心技术控制用户接触和使用作品。用户要使用和接触作品,需获得内容提供者的解密方案;内容提供者通过许可使用协议设定用户接触和使用作品的规则。具体点讲,在典型的 DRM

---

① 参见刘国龙、魏芳:《数字版权管理模式探析》,《知识产权》2015 年第 4 期,第 118 页。

② 参见王明华等:《移动网络数字内容分发的版权管理研究》,《电信科学》2005 年第 11 期,第 42 页。

③ 参见姚维保、望海军:《数字版权管理(DRM)与个人合理使用的冲突及解决途径》,《现代情报》2005 年第 1 期,第 103 页。

系统中,内容提供者制定许可使用协议和设计技术措施,用户接受使用协议后,因为无法破解内容提供者的技术保护措施,而只有按照协议约定的规则要求接触和使用作品。用户在获得作品后也需按照规则要求使用作品,否则将承担侵权责任;如果用户试图绕开技术措施,内容提供者可追求其违约责任或版权侵权责任。使用协议和技术措施的环环配合,保证 DRM 系统具有保证数字作品信息安全的功能,内容提供者通过 DRM 完成对数字作品在互联网空间流转的控制。鉴于技术措施和许可协议在 DRM 中的支柱作用,版权法又将技术措施和权利管理信息纳入版权保护范畴,以此给予 DRM 法律保护。《世界知识产权组织版权条约》明确要求成员国应禁止:①未经许可去除或者改变任何权利管理的电子信息;②未经许可发行、为发行目的进口、广播,或向公众传播明知已被未经许可去除或改变权利的电子信息作品或作品的复制品的行为。《欧盟版权指令》要求成员国应当提供适当的法律保护以防范未经作者授权的下列行为:①移动或修改任何电子权利管理信息;②向公众提供,分销、进口分销,广播或者推广未经作者授权而擅自移动或者修改了电子权利管理信息的作品或者其他数据库。

我国是《世界知识产权组织版权条约》《世界知识产权组织表演和录音制品条约》的成员国,国内的《著作权法》《信息网络传播权保护条例》也明确了技术保护措施和版权管理信息属于《著作权法》保护的客体。最高人民法院发布的北京奇虎科技有限公司、奇智软件(北京)有限公司与腾讯科技(深圳)有限公司、深圳市腾讯计算机系统有限公司,腾讯科技(深圳)有限公司、深圳市腾讯计算机系统有限公司与北京奇虎科技有限公司、奇智软件(北京)有限公司商业贿赂不正当竞争纠纷案案例,以及地方司法机关处理的相关案件中,对上述原则和条款也有运用。在我国现行法律体系和司法实践中,版权管理系统是版权法保护的特殊对象,其法律地位已经得以明确。

DRM 虽然被誉为保护数字内容传播安全的最先进方案,但该系统并不完美无缺。版权法对 DRM 的诘难之一是数字版权管理无法彻底解决版权侵权问题。早在 2003 年,微软公司工程师在"暗网理论"中便提出了数字版权管理的先天缺陷。"数字版权管理仅解决了数字版权保护的浅层问题,即通过高科技保护与监管技术手段去打击数字版权盗版问题。但是,如果无法将知识产权法律的尊重、暗网侵权技术的规制、版权内容规定使用与知识产权激励等诸多深层面问题解决,单一地依赖高科技手段去全面解决数字版权盗版问题,犹如隔靴搔痒,显然是无法完成的。"①

相较于对 DRM 功能的质疑,DRM 对版权平衡制度的威胁受到更猛烈的抨击。衡平作品创作和使用者、传播者的利益关系,以激励更多的精神产品,促进科学和艺术的进步是版权法的最终目的。"衡平"是版权制度的精神宗旨,传统版权制度通过限制版权权利期限和权利范围,来实现版权作者和社会公众的

---

① 刘国龙、魏芳:《数字版权管理模式探析》,《知识产权》2015 年第 4 期,第 119 页。

利益关系。但 DRM 因技术措施的持续永久性,打破了版权人和用户的利益平衡,对版权制度的利益平衡功能造成威胁。

第一,版权管理系统的技术措施没有期限,即使作品不属于版权保护范围或者作品超出版权权利期限,只要技术措施不被取消,社会公众仍不能使用和接触到作品,这实际是将版权人的权利无限期延长,使版权权利期满的作品也不能进入公共领域。

第二,数字管理技术的运用并不以版权作品为前提,技术措施既可以保护数字作品也可以保护非数字作品。在传统版权作品中,作品中不受版权保护的要素可以被区分出来,版权人不能禁止社会公众接触使用作品中处于公共领域的信息。在数字环境中,版权人运用保护技术措施在保护作品的同时,也将公共领域的非版权信息保护了起来,社会公众在传统空间可以自由获取的信息到了网络空间必须获得版权人同意并支付相对应的使用费才可以,这相当于扩大了版权保护对象,虚弱了社会公众的权利空间。

第三,DRM 压缩了社会公众合理使用空间,打破版权制度的传统平衡机制。在版权管理典型采用的"授权—许可"或"点击—许可"模式下,用户只有经过身份认证得到作者授权后才能接触到作品,公众合理使用的途径被限制。同时,版权管理的分级、权限分配技术也对用户使用作品的方式进行了限制,用户只能在作者许可的范围内使用作品,例如亚马逊 Kindle 阅览器取消了打印按钮,复制功能只允许用户复制粘贴少量文字,评估公司 IOS 系统中的数字软件,即使在用户付费后也只能下载几

次,且不能复制到其他电脑或移动终端。DRM 无差别的技术防
范使得社会公众合理使用权被剥夺。

总体而言,DRM 是满足地质资料数字化需求的重要支撑,
现代化的地理信息服务机制表现为以 DRM 为基础的管理系
统。对于 DRM 与版权法衡平原则的冲突,可通过限制数字版
权管理系统来实现,这也是设计管理方案时需遵循的原则之一。
鉴于 DRM 的两大支持是许可使用协议和技术措施,对管理系
统的限制可从三方面入手:一是运用合同法、反垄断法和权利滥
用原则对许可协议进行限制;二是修改反规避立法完善对版权
人技术措施权的限制;三是引入新的法律机制,包括建立强制性
技术标准、机构、反向通知和删除程序,制定防止技术措施滥用
原则等。[①] 笔者建议,地理信息服务机制需综合运用这些限制
措施,其中关键的是在版权法和合同法领域内,制定合法合理的
许可协议。

二、以地理信息安全为前提追求经济效率

版权的本质是私权,现代版权法律制度的根本宗旨是平衡
作品创作者、传播者和使用者的利益关系,在保护作者权利的基
础上,最大限度地提高作品利用效率,达到"帕累托最优"。对
于一般作品而言,版权管理机制要以效率为最高原则,但对于地

---

① 参见王东君:《数字版权管理的法律限制问题研究》,武汉大学研究生论文。

质资料而言,由于其涉及国家信息安全,不能简单追求地质资料使用的最优化,而是要首先保证地质资料的信息安全。

地质资料版权管理要辩证分析地理信息安全和利用效率的矛盾。从根本上说,保护国家地理信息安全和利用效率并不矛盾,地质资料数字版权管理在保护地质资料版权的同时,也是地理信息安全的保护机制。通过公钥、私钥、许可证等技术,只有通过身份认证的用户才能接触到地质资料,这和传统地理信息服务中的申请—审核—许可程序的作用一致。传统地理信息服务在审核许可用户接触资料,并将资料复制交付给用户后,馆藏机构对用户的后续使用行为无法进行有效监督。馆藏机构只能在提供地质资料的协议中约定用户的保密义务,用户是否遵守保密义务、是否按合同约定或法律规定及时销毁地质资料复制件,馆藏机构无从得知。地质资料提供用户后的安全监管,是传统地理信息服务机制的薄弱环节。而现代化的地理信息服务机制借助数字版权管理模式,可以较好地解决这一问题。数字版权管理采用的特定访问许可系统、嵌入式控制系统,能对用户使用行为进行限制,如限制用户下载次数,禁止用户将资料转发给其他非授权用户,禁止用户复制地质资料,限制用户修改地质资料,禁止用户修改地质资料版权管理信息等,部分系统地搭载软件还具有收集用户信息的间谍功能。因此,版权管理方案能较好地协调地理信息安全和信息开放共享的矛盾,提高地质资料的安保水平和利用效率。

但在版权管理的具体策略上,信息安全和利用效率也面临取舍协调。地理信息用户接触、获取地质资料的约束性条件越宽松,地质资料用户对产品的评价就越高,利用地质资料的欲望就会越强烈,地质资料的开发利用效率便得以增加;另外,获取地质资料的条件放松后,地理信息的传播范围变得更广,增加了地质资料被非法加工、传播的可能性,也容易导致盗版产品。对此,我们需要明确,保证地理信息安全是服务机制的工作前提,这是地理信息安全的国家秘密属性决定的根本原则。但地理信息服务机制追求的地理信息安全,要有别于传统的基于保守国家秘密法的封闭式安全,是借助版权制度及其他相关法律机制的开放式安全体系。保证地理信息安全的目的是更好利用地质资料,而不是为了安全而安全、为了保护而保护。因此,管理方案必须要选择能促使地质资料价值最大化的安全标准。可以结合《保守国家秘密法》的密级划分,制定相应的版权管理,原则上密级越高的地质资料设置的版权保护级别越高。对解密的地质资料,可以放弃全部版权或部分版权,通过这部分地质资料宽松的版权政策去培育地理信息产品的消费习惯,推动建立地理信息产品市场。

三、以需求管理为制度基石

我国长期以来的地质资料管理侧重信息安全,从保证国家机密的角度设计管理环节、制定规章制度。这种管理模式虽然保证信息安全,但却给用户接触地质资料、地质资料二次利用造成较大的困扰。国家在 21 世纪初期提出地质资料信息服务集群化产业化，其目标是提高地质资料共享程度和利用效率，推动地理信息产业的形成和发展。

因此，就地理信息服务机制的管理理念而言，已经从单纯追求安全到安全和效益并重。继续以维护国家机密为出发点来设计管理制度，显然不合时宜。目前，地质资料馆藏机构仍保留了事业单位编制，工作职能仍习惯性地称为地质资料管理和服务，但地理信息服务机制中的所谓"管理"，更准确的定位应当是"地理信息服务"。地质资料馆藏机构作为社会公益性事业单位，其主要职能是向社会提供公共地理信息产品、满足国家经济建设、市民日常生活等各个层面的信息需求。地质资料的数字版权管理方案，要以用户需求管理为出发点，通过版权权利义务的合理分担，完成信息安全前提下的信息服务工作。

需求管理是经济学术语，是根据用户需求设计管理系统，系统的环节、内容、提供的功能都受制于用户需求，系统以及系统提供的最终产品以满足用户需求为成功标准。需求管理作为一种动态的执行过程，行动环节的每一件事情都指向用户需求，管理环节大致分为确定需求—建立状态—需求评审—需求承诺—需求跟踪—变更控制六个阶段。需求管理最初运用在软件开发工程，目前已经被广泛运用在项目管理中，水资源管理、政府信息管理等行政管理也有所尝试。

我国传统的地理信息服务机制按照地质资料涉密等级制定管理规则，缺少按照需求类型的管理模式，这是我国与成熟地理信息服务机制的主要区别。美国、英国、澳大利亚等地理信息服务机制比较发达的国家,按照用户类型、服务内容、需求动机等制定服务模块,提供类型化服务。①

我国地质资料版权管理方案也需借鉴精细化的需求管理战略,按照需求主体和需求类型划分版权保护等级,并制定相应的版权保护措施。大致而言,从需求主体看,信息服务的需求者包括各级政府部门、研究机构及研究人员、私营企业、教育机构和教育工作者、矿产企业、社会公众等;需求动机,包括政府基础设施建设、抢险救灾、企业生产、科学研究、教学辅助、公众交通、出行等;需求的产品类型,涉及地质图、地质书籍、地质数据、地质数据库、地质报告、导航地图、遥感图片等。

第二节　地理信息服务管理环节的版权建议

一、地质资料汇交环节

（一）明确汇交版权的转让意义

建立以版权为基础的地理信息服务体制,根本目的是借助版权的"衡平机制",塑造一种开放性的管理模式。这种模式的塑造,短时期内还需以现行的管理机制为基础,在现有管理环节范围内,适当揉入版权管理内容。通过渐进式的改革方式,逐步

---

① 参见王东君:《数字版权管理的法律限制问题研究》,武汉大学研究生论文。

推进从"管理"到"服务"的转移。地质资料馆藏机构是地质资料管理主体,管理环节大致分为地质资料汇交—入库—提供利用,需结合各环节工作内容,确定数字版权管理对策。

如前分析,地质资料汇交是汇交人将地质资料版权转让给国土资源部的版权转让行为。基于汇交,国土资源部继受取得地质资料的版权,委托给全国地质资料馆及其他地质资料馆藏机构具体负责地质资料版权的行使和维权。地质资料馆藏机构在汇交环节获得地质资料版权,这是馆藏机构今后公开地质资料,允许社会公众接触、使用地质资料的权利基础。但现行地质资料管理制度缺少相关明确规定,对该环节版权管理的重点是在现有的汇交凭证中加入版权转让内容,以明确地质资料馆藏机构的法律地位,确定汇交后地质资料的法律性质。

（二）完善汇交凭证

当前制度环境下尽快理顺地质资料馆藏机构和汇交人权利义务的关系,最简便的有效方法是在汇交凭证中增加版权转让的约定,以及汇交后双方的权益分担。

汇交凭证是地质资料馆藏机构向汇交人出具的证明文件,包括全国地质资料馆向地方地质资料馆藏机构出具的凭证,以及地方馆藏机构向汇交人出具的凭证。目前我国尚没有制定统一的汇交凭证格式,各地的汇交凭证形式和内容也不尽相同。比如全国地质资料馆出具的凭证采用表格形式,记录地方馆藏机构提供资料的类型、数量、质量等,不涉及地质资料的实质权利。而贵州省国土资源厅制作的汇交凭证,除要求汇交人填写资料名称、内容、数量、资金来源等,在最下方用一行文字标注"是汇交人履行汇交义务的证明,也是汇交人维护合法权益的凭证",提示汇交人对汇交后的资料仍可享有法律权利。但遗憾的是,并没有明确指出汇交人享有哪些权利。

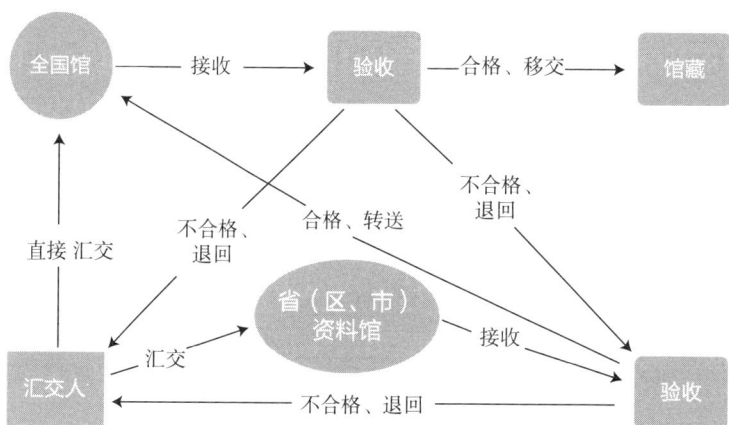

图 4-1　地质资料汇交流程①

笔者建议,制定全国统一的汇交凭证,汇交凭证在内容上包括以下必要信息:

1. 汇交主体基本情况,涉及汇交人(乙方)、汇交资料管理人(甲方),项目名称,项目出资人信息。

2. 汇交内容基本信息,包括成果地质资料名称,成果地质资料馆藏档案号,汇交资料的数量,对资料的正文、审批、附图、附

---

① 全国地质资料信息网:地质资料汇交,http://www.ngac.cn/Default.aspx? Page-ID＝3。

件、数据库、软件分别登记,记录文件件数和存储空间。

3.汇交后的权利提示信息。①已经汇交的资料所涉及版权的全部财产权转让给国土资源部。国土资源部委托(甲方)行使版权权利。乙方可基于出资目的继续使用地质资料,以及允许他人使用资料,但不得行使复制、出租、发行、传播等涉及地质资料版权的行为。②甲方在使用地质资料的过程中,尊重和保护乙方署名权和修改权。在显著位置注明乙方信息,表明乙方版权主体身份。在基于乙方资料形成的衍生资料中,也需注明衍生基于乙方资料形成的版权主体信息。③甲方作为地质资料版权人,基于我国《著作权法》享有对汇交地质资料的复制、演绎、公开、网络传播等财产权利。但甲方在行使上述权利时,需采取有效措施,保护地质资料的使用不会侵犯乙方合理享有的商业利益。

二、地质资料入库环节

(一) 地质资料入库环节的主要工作

地质资料入库是将汇交的地质资料按照国家要求整理后归入档案库。目前的地质资料管理入库,重点放在地质资料的定密和质量、数量审核。定密是按照《保守国家秘密法》的规定,确定地质资料的涉密等级并相应分类入库;质量、数量审核是对汇交地质资料入库前的资料整理,保证地质资料的数据可用性。地理信息服务机制的改进,是将版权管理内容和现有入库环节融合。

(二) 入库环节的版权管理工作

1. 根据地质资料定密确定版权管理标准

地质资料入库环节由馆藏机构工作人员将汇交资料整理复核,按照《保守国家秘密法》的规定设定地质资料密级,然后将资料著录归入档案库。

传统地理信息服务提供纸质资料,入库重点是地质资料的密级审核。按照《保守国家秘密法》,《国土资源、测绘、海洋、环境保护、核工业工作国家秘密范围的规定》,《涉密地质资料管理细则》规定,涉密地质资料分为绝密、机密和秘密三个等级,并对不同等级地质资料有详细标准。以含有涉密地理要素的基本比例尺地图定密为例,规定明确 1∶10 万(不含)—1∶50 万(含)和 1∶5 千(含)—1∶2.5 万(不含)定为秘密,比例尺在 1∶2.5 万(含)—1∶10 万(含)之间的定为机密。定密以基本比例尺原图为准,不受地图的缩放影响。除馆藏机构主动审核密级外,汇交人在汇交时也可主动提出定密建议,馆藏机构在入库时对建议进行复核并确定是否采纳建议。馆藏机构确定密级后,按规定在地质资料档案下方加盖"全部涉及国家秘密"或"部分涉及国家秘密"印章。资料档案内不涉及国家秘密的部分,资料档案上可不加盖标志。除印章外,资料档案上用文字标注密级和保密期限,国家秘密标识"★"标志定密日期。保密期满后,馆藏人员在密级后加注"解密"印章。

如前分析,地质资料版权管理遵循不得威胁国家安全的原则,要有利于保护地质资料的信息安全,版权管理是解决地质资料信息共享和信息安全矛盾的工具。传统的地质资料定密工作,按照保守秘密法的规定确定密级便完成。而基于版权的地理信息服务机制,还需将结合密级确定地质资料的版权管理标准,重点是技术保护措施的保护等级、授权许可使用的对象范围。笔者建议,第一,按照涉密等级制定相应级别的版权保护技术措施,绝密级别的地质资料配置更严格的保护手段。第二,按照涉密等级确定是否行使版权发表权,原则上涉密地质资料不得行使发表权,不得以任何形式向社会公开,不涉密的地质资料和解密的资料可自由行使发表权,地质资料管理机构有权决定以何种形式、在何种时间向社会公开。第三,根据涉密等级确定版权授权许可使用的对象,对象申请接触地质资料的条件、程序等版权管理内容。绝密地质资料仅限特定对象接触,需对对象的身份、资质、使用范围、保密条件等设定严格条件,而密级较小的地质资料则相对放松,不涉密和解密的地质资料可以不设定限制,向全体社会公众提供不设限的查询复制服务。

2. 运用版权保护技术措施建立地质资料数据库

地理信息服务机制的发展是以数字化在线服务为主,地质资料在审核完密级后,需将不同密级的资料建立数据库,用户在线申请获得预览、复制、下载地质资料的权利。对于地质资料入库管理的重点除了定密外,还需根据密级要求加入技术保护措施,制定许可用户使用的在线协议并建立相关数据库。

　　信息服务的重点是互联网平台地质资料服务网站提供的在线服务。用户在客户端注册信息,向馆藏机构提供在线认证请求后,馆藏机构管理系统对申请信息进行审核,确定用户身份合法性后授予用户资格。用户在网站访问数据库资源,需要浏览、下载地质资料,每一次网站点击申请都需向数据库递交资源访问请求。请求发送到加密信息数据库,数据库验证身份合法性并返回认证结果,数据库向客户端分发加密后地质资料。用户在客户端接受已经加密的地质资料和解密私钥,用内容加密密钥解密地质资料后,获得地质资料数字版本。

　　围绕此服务方式,地质资料馆藏机构至少需要建立内容数据库,加密信息数据库,版权信息数据库和安全认证客户端。地质资料馆藏人员将地质报告、图片、影像等资料的数字版本加工和格式转换生产应用于互联网传输的元数据和对象数据,组成地质资料信息服务的内容数据库。内容数据库的资料在提供服务前,需要馆藏机构将内容用加密密钥等版权保护技术对对象数据进行加密和打包。版权信息数据库中存储版权信息元数据。馆藏机构在服务网站公布的地理信息,用户通过客户端,用户注册客户端,客户端用版权信息数据库的公钥验证,然后用私钥解密地质资料,获得内容加密密钥,最后解密地质资料获得所需地理信息。

　　(三) 服务环节制定地质资料版权许可使用协议

　　地理信息服务中,地质资料馆藏机构允许用户接触、使用地质资料,需授予用户版权许可使用权。针对数字产品的版权许可协议主要有"拆封授权""点击授权"和"浏览授权"三种形式。"拆封许可"主要用在光盘、软件等有形载体的销售中,版权人在产品外包装上载明格式协议,用户一旦拆开视为接受协议。"浏览许可"是一种不直接提供使用许可协议条款的合同,而是只提供许可协议内容的链接,用户可以点击这些链接浏览协议内容,也可以不点击,但是一旦用户点击链接便视为接受格式合同。"点击许可"中,用户在开始下载、安装软件时,弹出包含授权使用协议的窗口,以及"已经阅读,并同意协议"或"已经阅读,不同意协议"的点击按钮。用户点击"同意"视为接受协议,获得内容;选择不同意不接受合同则不能下载。地理信息服务要求用户首先注册客户端,点击许可是最主要的形式。

点击许可模式下,馆藏机构通过弹窗推送用户协议,其中包含版权许可使用的内容,用户阅读并点击后,馆藏机构再对用户申请进行身份审核。用户和馆藏机构间形成版权授权许可的关系。馆藏机构以点击许可方式授予用户版权使用权,解决了网络服务中一个版权主体对应若干不特定用户、难以达成一对一合同的难题,提高了交易效率。而许可协议一方面具有版权授权许可的意义,要遵守版权的相关规定;同时又是合同法中的格式合同,地理信息服务中,地质资料馆藏机构处于优势地位,用户在接受在线服务时,没有和馆藏机构协商的能力,只有接受还是不接受的权利。作为格式合同的许可协议,需依据合同法平衡用户权利关系。

第三节　地质资料版权许可使用协议的再思考

一、许可使用协议的法律定性

用户在接触、获取地质资料前,需经得馆藏机构许可并签署使用协议,这是我国地质资料管理长期坚持的基本做法。但在现行制度中,签署的使用协议集中在保密义务,对用户权利涉及较少。地理信息服务机制要理顺服务提供方和服务接收方的法律关系,可利用版权许可使用的相关规定,建立地质资料版权许可使用制度。版权法中的版权许可使用是版权主体实现其经济利益的有力手段,性质上属于民事合同一种,遵循平等主体的自由协商、公平诚信原则。但在地质资料信息服务中,提供服务的主体是国土资源部,地质资料馆藏机构作为国土资源部的下属事业单位接受其委托具体执行信息服务工作。因此,地质资料许可使用协议不同于普通版权协议,其一方主体是行政机构。政府签署的地质资料版权使用许可协议究竟是民事合同还是行政合同,这个问题的答案关系到地质资料版权许可使用的权利界限和法律救济方式。

（一）"权力"是区分行政合同与民事合同的核心因素

在我国现行法律制度中,立法层面并没有明确规定行政合

同的概念,一些民法学者认为行政合同并不是真正的"合同",
"中国现实中有没有行政合同,……如果说有所谓的行政合同
的话,只能存在于行政权力使用领域,属于行政法律关系"①。
但在行政法学研究中,行政合同已经取得相对成熟的研究成果,
一些学者指出,"无论英美法系,还是大陆法系都有行政合同理
论,虽然理论各有特色,但多少反映出行政合同概念存在的必
要,与普通合同相比,行政合同的确有许多特殊性"②。在大陆
法系传统中,行政法和民法被认为分别是公法与私法的典型代
表,它们虽然都是调整私人利益和国家利益的法律规范,但行政
法旨在保护国家利益,民法保护私人利益,所以行政法不可能适
用民法的合同理论。但事实上,随着政府在现代民主社会中角
色扮演更多元化,国家利益、国家财产等传统的公法概念也出现
了"私法化"趋势。比如有民法学者指出,"国家财产还可分为
进入民事生活领域的财产与不能进入或者尚未进入民事生活领
域的财产。所谓进入民事生活领域,是指国家通过投资、拨款或
者其他任何方式将其享有的所有权或者其他财产权利授予或者
出让给国家之外的第三人所涉及的财产"③。对于这些进入民
事领域的国家财产,兼具公私双重色彩,行政法和合同法的共同
作用势在必行。

---

① 梁慧星:《讨论合同法草案征求意见稿专家会上的争论》,《法学前沿:第 2
辑》,法律出版社 1998 年版,第 55 页。
② 朱新力:《行政合同的基本特性》,《浙江大学学报》2002 年第 2 期,第 19 页。
③ 尹田:《论国家财产的物权法地位——国家财产神圣不可侵犯不写入〈物权
法〉的法理依据》,《法学杂志》2006 年第 3 期,第 10 页。

目前关于行政合同和民事合同的区分,主要有几种标准:一是以合同当事人一方是否是行政主体或行政机关;二是以合同签订目的是否为行政管理;三是综合标准,即结合形式标准(合同一方当事人是否为行政机关)和实质标准(合同是否能引起行政法律关系的发生、变更和消灭)。① 有学者认为,在行政合同认定中,公共利益是行政权力的正当性表象,或者说,行政权力的正当行使必然与公共利益有着直接或间接的关联。行政合同与民事合同的区分,最本质的因素不是"利益",而是维护利益的力量所在。"权力"是公法的本质,"权利"是私法的本质,如果合同所追求的利益基于权力而产生、基于权力而实现,这样的合同便可称为行政合同。行政合同的认定标准的核心因素是"权力",行政合同区分于民事合同关键在于行政机关的"权力"是否对合同形成有意义的影响。具体而言,可依三方面判断:①合同是否依据行政性法规制定;②行政机关在合同履行中是否享有主导权(合同相对人的意思自治权利被权力限制);③合同中是否有行政责任、行政机关能否主动追究相对方公法责任。

(二) 地质资料版权许可使用协议的"权力"色彩

第一,政府签署地质资料版权使用许可协议的权限来自行政法规授权。在普通版权许可协议中,版权主体按照《著作权法》授权便可处分作品权利。但在地质资料版权使用许可中,

① 参见杨欣:《论行政合同与民事合同的区分标准》,《行政法学研究》2003 年第 3 期,第 122 页。

档案馆还必须按照《保守国家秘密法》《全国测绘资料和测绘档案管理规定》《档案法》等行政法规和行政规范的要求,审查使用方资质和使用权限。行政规范对地质资料使用方资质、资料使用范围、资料接触程序等有明确且严格的要求,如《档案法》第十九、二十条规定,机关、团体、企业事业单位和其他组织以及公民应当按照有关规定利用档案馆资料,《地质调查资料接收保管和服务管理办法(试行)》详细规定了利用涉密地质资料时,利用人需出具县级以上单位出具的、注明了承办人姓名和查阅利用资料类别、地区范围及用途等内容的正式介绍信。地质资料版权使用许可行为中,《著作权法》是前提,它为地质资料使用提供了一种可能的法律路径,而版权使用许可协议能否签订、如何签订的直接依据却是《档案法》等相关行政法规。

第二,地质资料使用方不享有平等协商的能力,与地质资料馆藏机构不是"平权"关系。在地质资料利用中,无论是英国、澳大利亚的许可使用,还是我国的管理做法,都没有赋予使用方平等协商的地位。地质资料使用方享有的是"依法使用"的权利,而没有"如何使用"的谈判权。

第三,地质资料许可使用协议的违法、违约可被追究行政责任。如我国《地质资料管理条例》《中国地质调查局地质调查资料接收保管和服务管理办法(试行)》等在法律责任部分均对地质资料使用人违约利用资料的行为设定了行政责任,包括行政赔偿、责令限期改正、行政处罚等。如《地质调查资料接收保管和服务管理办法(试行)》第三十八条规定,"资料使用方擅自向第三方提供利用或转让地质调查资料的,由地调局资料管理单位责令限期改正。拒不改正的,由地调局资料管理单位申请有关部门依法予以处理。"

（三）建议将地质资料版权许可使用纳入行政合同范畴

总体而言,在政府提供的地质资料版权使用许可中,推动政府与使用方法律关系的力量并不是平等的"权利",而是行政"权力"。因此,有学者主张地质资料版权使用许可协议不同于普通版权协议,应当属于行政合同范畴。"强调行政合同与民事合同的区别,主要原因在于行政合同涉及公共利益的实现,涉及公共资金的使用,涉及行政权力的合法运作,涉及公民的平等参与,因此对其应有更加严格的程序规制"[①]。就地质资料版权许可协议而言,它应在利益平衡、合理使用等方面,可以做出有别于普通民事版权许可协议的特别规定,但同时又要对行政权力进行有效控制,防止馆藏机构损害地质资料使用方的合法权利。

二、完善地质资料版权许可使用协议的建议

（一）许可协议的基本原则

第一,公共利益适度优先、兼顾私人利益的原则。行政合同

---

① 杨欣:《论行政合同与民事合同的区分标准》,《行政法学研究》2003 年第 3 期,第 121 页。

是行政权力以合同方式利用国家财产的一种行政管理方式,其目的是提高国家财产的利用效益,合同具有一定的公益目的。有观点认为,"在行政合同的履行过程中,如果私人利益与公共利益发生冲突,则行政主体为了维护公共利益,可以依据行政优益权变更或解除行政合同"[1]。这种将公益绝对优先的观点并不妥当。因为"行政合同的本质,既是政府用来加强经济干预的手段,又是公民对政府权力进行限制的方式"[2],以合同方式进行的行政管理与行政指令、命令的管理方式最大的不同,便是前者引入了契约精神。对于地质资料版权使用许可协议而言,首先我们要承认协议的签署与执行不得有违公共利益,我们在协议签署过程中对使用方资质、使用条件与范围、违约责任等方面的严格约定,应当符合维护国家信息安全、经济利益的基本要求。但在协议签署后,馆藏机构应尊重使用方的合法权益,非因法定或约定原因,不得影响资料使用方的合法权益。若私人利益和国家利益产生冲突,确有必要终止或解除协议,也需要提供必要的救济程序。

第二,政府与使用方权利义务对等原则。在政府签署的地质资料版权使用许可协议中,协议一方当事人是手握国家利器的行政机关,一方是普通社会公众、法人或组织,双方当事人的地位并不具有当然的对等性。但在行政管理中引入行政合同,

---

① 戴巍:《浅论行政合同的基本原则》,《中外企业家》2011 年第 7 期,第 172 页。
② 孙笑侠:《契约下的行政——从行政合同本质到现代行政法功能的再解释》,《比较法研究》1997 年第 3 期,第 321 页。

其制度功能便是利用契约原则迫使行政机关限制权力,将公法上的权利义务转变为合同法中的权利义务。因此,行政合同的制定与执行有别于一般的行政管理行为,协议中应适度强调行政机关与合同相对方的对等性。表现在行政机关也应全面且适当地履行协议中约定的权利义务,不能滥用行政权力来免除自己的履约义务;行政合同中的违约责任是民事责任而非行政责任,特别不能用行政责任来替代民事责任。在我国当前的地质资料使用程序中也涉及一些使用协议,但这些协议的行政管理色彩较强,对使用方的限制和要求多,馆藏机构的责任少;使用方的民事赔偿责任多,行政机关民事责任少而行政制裁权力多。如何保证地质资料馆藏机构与使用方的权利义务对等性,是我们建构地质资料版权制度中需要着力解决的问题之一。

第三,行政干预正当性原则。在行政合同中,行政机关同时扮演着合同当事人和监督管理者的双重身份,即我们常说的既是运动员又是裁判员,为了防止行政机关滥用权力,行政机关在对行政合同相对方进行监管时,应当恪守行政干预适当原则。在地质资料版权许可使用协议中,由于地质资料涉及国家、商业和个人的信息安全,行政机关对使用方的监督干预十分必要,地质资料馆藏机构的监管行为本质上是执行行政职能的管理行为,地质资料馆藏机构在需要对地质资料使用方进行干预时,需要按照行政正当程序要求,出于正当动机和目的,按照法定行政程序和方式,并且应给予地质资料使用方申诉救济的权利。

（二）协议仍不得违反格式合同的限制性要求

地质资料版权许可使用应是国土资源部统一拟定的格式合同。因格式合同双方当事人关系不对等，如果不能有效防止格式合同制定方利用优势地位，极易导致合同权利义务失衡，违背合同主体平等的基本原则。因此，格式合同的限制是各国合同立法的关键之一。我国《合同法》对格式合同条款设定了相对无效和绝对无效的限制。合同法要求格式合同制定方应当遵循公平原则确定当事人之间的权利义务，并采取合理方式提请对方注意到合同中涉及的免除权利或责任的、涉及对方利益的条款。如当事人要求解释，应对这些条款进行说明。如果格式合同制定怠于履行通知和解释义务，用户在接受格式合同后仍享有提出异议的权利。同时，合同法基于公平原理设定了格式条款绝对无效的情形，提供格式条款一方免除其责任、加重对方责任、排除对方主要权利的内容无效；损害社会公共利益，违背法律行政法规的强制性规定的内容无效。除《合同法》外，我国《消费者权益保护法》也规定，"经营者不得以格式条款、通知、声明、店堂告示等方式，作出排除或者限制消费者权利、减轻或者免除经营者责任、加重消费者责任等对消费者不公平、不合理的规定，不得利用格式条款并借助技术手段强制交易。格式条款、通知、声明、店堂告示等含有前款所列内容的，其内容无效"。

如前分析，我国地理信息服务机制必须以保证国家信息安全为前提,地质资料用户必须承担有别于普通使用协议的注意义务。我国《合同法》《消费者权益保护法》等关于格式合同限制的相关规定,是否适用于地质资料版权许可使用,需结合协议目的来确定。许可协议虽然是行政合同,但仍应遵守政府与使用方权利义务对等原则,地质资料用户的合法权利需要得到尊重。笔者建议,地质资料版权许可使用协议的限制,以不得排除用户的合理使用权为主。许可协议的主要目的是授予用户地质资料版权使用权,但不得限制或剥夺用户依法享有的合理使用权。我国版权法制度中的合理使用广义上包括合理使用和法定使用两种类型。《著作权法》列举了 12 种合理使用情形,同时《信息网络传播权保护条例》在此 12 项范围内规定了 8 种在数字环境中合理使用的情形。我国《著作权法》一共规定了 5 种法定许可,《信息网络传播权保护条例》又增加一种法定许可和一种准法定许可,包括报刊转载、制作录音制品、播放作品和播放录音制品、编写出版教科书、制作课件、通过网络向农村提供特定作品。

在上述法定情形中,个人合理使用和科研人员合理使用,报刊转载、教科书法定使用是比较常见的类型。我国地质信息的使用情况及人群分布中,政府公务人员、科研人员占有一定比重,而个人使用在目前比重不大,但从国外信息服务对象看,社会个体为满足学习兴趣、生活需求的地理信息服务需求有很大空间。目前我国地理信息产业中,满足个体出行的电子导航地图占有较大比重。依据我国《著作权法》规定,本人或家庭使用地质资料时,如出于非商业目的的个人学习、研究或欣赏,科研人员为了教学、科研需要翻译或少量复制地质资料,政府公务人员履行公务使用作品,属于合理使用范畴,无须征得版权人同意,也不支付报酬。

基于版权法的要求,地质资料馆藏机构制定的许可使用协议需要保证用户的上述合理使用权。协议中单方面取消用户的这些权利,或者要求用户支付费用后才能从事上述行为,是违背《著作权法》的无效条款。当然,在许可协议之外,还需要技术保护措施对用户的上述行为进行区分对待。在现行一刀切的技术措施下,如何区分用户是基于个人目的合理使用地质资料,还是将地质资料用于商业目的,是急需解决的技术难题。

（三）建立地质资料产品质量标准

按照格式合同限制原理,单方面免除己方责任的格式条款无效。但在我国大部分的地质资料服务中,地质资料馆藏机构并不对地质资料承担质量责任。我国现行的部分法律文件涉及地质资料质量问题,但责任性质是行政责任,追责原理是测绘单位未能完成行政任务。而在地理信息服务机制中,许可使用协议的对方是社会公众,馆藏机构和社会公众间是行政合同关系。馆藏机构在协议中绝对免除地质资料的质量责任,完全不对地质资料的信息准确性负责,有失公允。

1.建立地质资料产品责任的理论思考

虽然我们在理论和实践上肯定了地质资料的信息产品属性,但对不合格地理资料的产品责任却缺少相关规定。因为人类理性认知的局限和科学技术手段的限制,地质资料反映的地理信息和真实客观存在的地理状况必然会存在差异。对于智力成果这种先天存在的瑕疵,传统法律制度并未将其纳入责任范畴。世界各国现行的产品质量法以及有关国际条约中所指的产品一般只限于实物形态的动产,而不包括知识产品。但随着人类进入信息社会,知识产品的责任问题逐渐被提上法律议程。日本学者北川善太郎在 1995 年便提出,建构有体物产品责任和信息产品责任综合一体的法律模式是法律发展的未来趋势。[1]我国学者梁慧星在《从近代民法到现代民法——20 世纪民法回顾》一文中亦提到建立信息产品责任的必要性。

在立法层面,我国曾在 1989 年颁行的《中华人民共和国测绘成果管理规定》第十七条规定:"测绘成果质量不合格给用户造成损失的,由该测绘成果的测绘单位赔偿直接经济损失,并负责补测或者重测;情节严重的,由测绘行政主管部门处以罚款或者取消其相应的测绘资格。"该条款设定了地质资料信息提供者应承担产品责任的基本原则,但此后却被取消了。在地理信息数据汇交的相关管理规范中,还有一些文件涉及地质资料质量的规定,如《测绘成果管理条例》。但要求地质资料提供方承担的质量责任是行政责任,其上级管理部门对下级机构的行政管理要求。与《测绘成果管理规定》的民事侵权责任不相同,目前信息产品责任在我国法律制度中还处于探索阶段,我国《证

----

[1] 参见北川善太郎:《关于最近之未来的法律模型》,法律出版社 1997 年版,第 283—312 页。

券法》第一百九十三条规定，"发行人、上市公司或者其他信息
披露义务人未按照规定披露信息，或者所披露的信息有虚假记
载、误导性陈述或者重大遗漏的，责令改正，给予警告，并处以三
十万元以上六十万元以下的罚款"，在立法上肯定了我国承认
信息产品应承担质量责任的原则。

在司法实务中，美国、法国、英国等国家出现了一些与地质
信息质量有关的案件，要求信息提供方被要求承担质量责任，如
美国法院在审理"费路尔公司诉杰伯逊公司""汉斯蒂诉美国政
府""布洛克赖斯诉美国政府"等有缺陷航空地图责任案件中，
认为出版商应对信赖航空地图而造成飞机失事的损失承担责
任。英国法院在"航海水文地理学家案"，法国法院审理的"食
物指南书籍案"等信息错误导致受害人损失的系列案件中，也
认为信息提供者应承担产品责任。①

2. 地质资料产品责任的域外案例

世界范围内，澳大利亚和英国的地质资料管理机构在其网
站有免责声明，对用户无偿获取的地质资料信息不提供质量担
保，但美国对其提供的地质资料设定了质量责任。2001 年，美
国财政年度（公法 106—C554；H.R5658）的财政与综合政府拨
款法案的 515(a)款规定了政府信息质量条款，②美国国会依此
规定于 2002 年发布信息质量指南 IQA，为美国联邦机构提供政

① 参见赵相林、曹俊：《国际产品责任法》，中国政法大学出版社 2000 年版，第
57—58 页。
② The Office of Management and Budget of USA Whitehouse, Information Quality
Guidelines for OMB, 2011.

策与程序方面的指导,以保证和最优化所发布信息(包括统计的信息)的质量、客观性、实用性和完整性。IQA 为政府一级指南,联邦政府各职能机构制定各自的二级指南,USGS 也颁布了自己的地质信息质量指南,该指南以质量、客观、实用和完整为目标。USGS 二级指南要求准确、清楚、完整的收集地理信息,并用科学的、无偏见的客观方式中立表达地理信息,以使地质资料所描述地理信息的准确、可靠和公正。实用指标从地理信息市场培育的角度,要求所发布的地理信息应当是能满足用户需求的有价值信息。美国地理信息市场培育出比较健全的中介服务机制,有专业评估机构向公众传播信息的实用性,该机构需要不仅从机构的角度,也从公众的角度考虑信息的用途。USGS 通过与中介机构的合作,接受评估机构的反馈信息,以保证地理信息的实用性。地理信息质量的第三个指标完整性其实也是信息安全性的表征,要求 USGS 对发布的地理信息承担保证信息不会受到未被授权的修改、数据录入或使用,地理信息在传播流程中其地理信息始终处于免遭不合法修正的安全状态,以此保证地理信息质量的安全性。地质资料质量是由"客观性""实用性"和"完整性"组成的综合性术语。①

3. 地质资料产品责任的构成要件

(1)有偿提供的地理信息产品

我国地理信息服务机制分为无偿公益服务和有偿商业服务

---

① The Department of the Treasury U S. Procedures for Implementation of the Information Quality Law,2011.

两种类型。无偿服务主要针对普通社会公众,服务内容包括在线阅览、查询、咨询等;有偿商业服务是产业化的重点,由于采取多元化服务方式,如提供数据集成产品、定制信息、提供应用软件、在线信息处理、人员培训等,服务对象可涵盖新闻媒体、私营企业、研究机构、有特殊需要的个人等。根据信息产品责任理论,上述有偿商业服务中提供的地理信息产品属于产品责任范畴,而无偿提供的公益性信息服务属于公共产品,由于没有"销售"行为,所以不应当承担产品责任。

(2)提供的地质资料质量不合格

不合格是产品质量责任的关键之一。什么是合格?我国有观点主张,信息产品缺陷包括适用性缺陷、准确性缺陷、时效性缺陷。[①] 也有人主张"普通物质产品的缺陷一般是产品的物理、化学和机械性能或表征上的不合理危险,而智力产品缺陷则是其中包含的智力内容和信息的不合理危险"[②]。

笔者以为,我国现行的产品质量法对"合格"有两种解释:一是符合国家或行业标准;二是能满足用户需求,不存在可能造成用户人身、财产或精神损失的危险。依据该原则,地理信息产品的"合格"可以定义为:提供的地理信息真实、准确、完整,符合国际地理信息标准和国家地理信息标准。

具体而言,①真实。地质资料的真实性并不是要求地理信

[①] 周毅:《有偿服务中的信息产品责任及法律调整》,《情报理论与实践》1995 年第 3 期,第 5 页。

[②] 戴浩然:《论智力产品责任》,《法学》2002 年第 9 期,第 63 页。

息和客观地质情况完全一致的"客观真实",而是"证据事实""逻辑真实",它要求地质资料反映的地理信息应以客观地理数据为基础,地质资料分析推演数据并形成最终成果的过程应当逻辑严密、论证充分。②准确。准确性强调信息服务者应当准确无误地标示地理信息,地理信息在内容、形式上不会造成用户理解上的困难或失误。在目前地理信息测绘常用的 GIS 程序中,资料中 1 厘米的误差可能对应着上千里的实际路程,可谓"失之毫厘,谬以千里"。因此,地理信息产品的准确性是评价产品质量的重要指标。③完整。完整性要求信息服务者在提供信息时,应根据用户需求提供信息的所有内容,包括信息使用的软件、硬件环境等。如在信息定制服务中,服务者按要求将所需信息集成并制作了数据软件,但在提供软件时却没有告知软件所需的硬件配置,导致软件数据受损,服务者此次提供的信息便是不完整的典型。④符合标准。地理信息标准是地理信息在数据生产、数据建库、产品制作、信息管理、应用服务等环节的操作规范。我国目前已经制定的国家地理信息标准主要有 GB/T 13923—2006《基础地理信息要素分类与代码》、GB/T 18578—2001《城市地理信息系统设计规范》、GB/T19333.5—2003《地理信息一致性与测试》(ISO 19105：2000, IDT) 等,相关的国际地理信息标准如 ISO 19106：2004《地理信息轮廓》(Geographic information-Profiles)、ISO19107：2003《地理信息　空间模式》(Geographic information-Spatial schema) 等,它们构成地理信息产品的质量判断标准之一。

（3）存在损害事实

用户在使用地质资料过程中,因为信息不合格而遭受损害。如果服务者提供的地理信息虽不合格,但用户尚未使用或使用后没有造成损害,便不构成信息产品责任。损害事实包括人身损害和财产损害,包括信息产品本身的损害,以及信息产品不合格引发的其他财产损害。

（4）损害事实和不合格的地理信息有直接的因果关系

即不合格的地理信息是原因,损害事实是后果,如不合格的地理信息必然引起损害后果,则两者存在直接因果关系。由于损害事实往往是多种因素综合作用的结果,因此要区分好两组关系:一是区分原因和条件,以判断是否构成产品责任;二是区分主要原因和次要原因,以判断信息提供者的责任大小。在因果关系的举证上,我国《侵权责任法》"产品责任"一章规定,如果生产者不能证明损害和缺陷产品之间不存在因果关系,则认定因果关系成立。由于地理信息产品消费中,用户同样处于弱势地位,地理信息产品的因果关系举证责任也应由信息提供者承担。

4.地质资料产品责任的责任主体

根据侵权责任原理,信息产品质量不合格造成损害的,被侵权人有权向生产者或销售者请求赔偿。在地质资料信息服务产业化中,直接创制地质资料的地质勘查单位是地理信息产品的生产者,以地质资料馆藏机构为主的各种地质资料信息服务机构则兼有生产者和销售者双重身份。信息服务产业化中,各级国土资源管理部门、各地地质资料馆藏机构以及中石油、中海油等特定单位是产业化的主体,他们负责验收汇交的地质资料,将质量验收合格的地质资料数字化,再以许可使用、加工定制等方式经营地理信息,信息服务机构即是地质资料产品的销售者,又是质量监督者。由于产品质量不合格引发的损害,首先由馆藏机构赔偿,同时馆藏机构享有追偿权。

5. 归责原则和免责事由

(1)归责原则

归责原则是确定行为人承担民事责任的根本依据,由于生产者和销售者在有形产品质量保证上的审慎义务不同,传统产品责任多对生产者和销售者适用不同的归责原则,如我国《侵权责任法》《产品责任法》便规定生产者承担严格责任而销售者承担过错责任。但由于信息产品的无形性、扩散性、衍生性等特点,信息产品对销售服务过程提出更高层次的要求,在此意义上,信息产品生产者和销售者是否有必要区分归责原则,学术界有不同意见。就地理信息产品而言,笔者认为可以将地勘单位和地质信息服务机构合称为地理信息产品提供者,适用同样的归责原则。如前所述,地质资料信息服务产业化中并没有严格意义上的生产者和销售者的身份区分,如果两者还适用不同的归责原则,既不符合公平原理,也容易造成执法困难。从地理信息产品用户角度看,地勘单位和地质信息服务机构都是地理信息产品提供者,它们是法律关系的相对方,在地理信息产品质量认知上处于优势地位,两者适用同样归责原则有利于保护用户权益。同时，由于地勘单位和服务机构之间有追偿权，归责原则相同并不会造成权责不清的不公平现象。

目前的民事归责原则主要有严格责任、过错责任和过错推定三种，严格责任原则被认为是产品责任的主要归责原则，一些信息产品责任的司法判例也大多倾向于严格责任原则，如前述美国航空地图系列案件等。但在地质资料信息服务产业化过程中，地理信息产品责任适用何种原则需要综合平衡制度所涉的利益，考虑该制度的价值目标。总体而言，归责原则应当既有利于地理信息用户的权益保护，又利于促进地质勘查行业的正常发展，提高地质勘查总体水平。归责原则过于严格，就会引发"寒蝉效应"①，阻碍地理信息的社会化、产业化。而若过于宽泛，又不能督促地理信息产品生产者和服务者谨慎从业，提高地理信息产品的信息质量。

笔者建议适用过错推定原则，产品用户只需证明损害后果是由不合格地理信息引起的，而信息产品提供者则需证明自己没有过错或有免责事由，如果不能则应承担产品责任，赔偿用户的人身、财产损失。相较于严格责任和过错责任原则，过错推定原则适当减轻了信息提供者的赔偿压力，但又没有加重用户的举证负担，比较好地平衡了地理信息产品用户和提供者的利益关系，有助于实现该制度的价值目标。

---

① 王文君、林峰田：《地理资讯系统资料错误之法律责任分析——台湾相关法制之检视》，第七届海峡两岸城市地理资讯系统学术会议论坛，2004 年。

（2）免责事由

对于地理信息产品提供者无法预见、即使预见也无法抗拒的情形，地理信息产品提供者可以依法主张免责。根据地理信息服务产业化的运行情况，地理信息提供者的免责事由主要包括：地理信息质量不合格是受地质勘查时的科技水平或客观条件的限制所造成；用户在使用地理信息产品时有重大过失，如没有理会软件使用环境和硬件配置要求的警示；尚未进入正式流通领域，通过非正常途径获得并擅自使用的；已经符合国家标准和行业标准。

《《《 第五章

地理信息服务的版权利用策略

第一节　对我国地理信息服务的版权利用建议

一、遵循版权基础上的开放共享原则

前文介绍了英国、澳大利亚、美国地理信息服务的版权运用政策,这三个国家的政策各有特点,代表了三种方向。

国内学者关于我国政府信息增值再利用的方向,有主张以美国为方向,也有倾向于英国、欧盟的意见。我国地理信息服务的政策选择,大体也是以保留抑或放弃版权为基础。但在版权许可机制多元化的情况下,从英国、澳大利亚、美国的服务机制看,保留或放弃版权并不是提高政府信息增值、提升地理信息服务的关键因素。地理信息服务机制的核心是服务定价机制,地

表 5-1　英国、澳大利亚、美国的地理信息服务版权运用政策

国家	是否政府作品版权	服务的法律基础	版权许可方式	服务费用
英国	保留	版权法确定地质资料享有皇家版权，信息自由法确定信息服务理念	除免费公开的地质资料外，要求邮件申请版权许可证，许可证区分商业性使用和非商业使用，特别为教育、科研工作者提供教育许可证。	提供免费下载服务和收费服务，收费政策以适当增值为原则，除回收成本外，允许有服务收益。
澳大利亚	保留	版权法确定政府权利，信息自由法确定服务理念	以 CC3.0 协议（2015 年启用 CC4.0 协议）为基础，除保留署名权外，其余版权默示许可给用户，要求用户在使用中保留版权信息并标注资料来源。不区分商业性使用和非商业性使用。	提供免费下载服务和收费服务。收费政策以全额回收成本为原则，不允许从服务中获取额外收益。
美国	联邦政府不保留，州政府可以保留	版权法确定政府放弃版权，以信息自由法为主	因放弃版权政策，不要求版权许可，用户使用地质资料时不需注明资料来源和保留版权信息。	以免费服务为主，复制、翻译等有偿服务以回收边际成本为原则。

质资料是否获得版权保护是政府定价的依据之一。所以，地理信息服务的方向选择，总体上应是兼顾我国法律实际、以促进地理信息公开为原则。

第一，以地质资料版权为服务基础。在我国现行的法律制度中，选择保留地质资料版权，并以此为基础开展地理信息服务，可以最大限度地减少地质资料再利用中的法律冲突，符合我国《著作权法》等相关法律的原则性规定。地质资料受版权保护，为地理信息服务控制复制、传播行为提供法律依据。

同时,要求地质资料使用者保留版权信息等做法可以有效提高衍生作品的准确性,保证地质资料在使用中的权威性和可靠度。

第二,以开放共享为方向。政府信息开发共享是我国政府的发展目标,也是地理信息服务的要求之一。版权法和信息公开并不矛盾,两者的最终目标都是促进信息资源的再利用,激励信息创作和发展。我国地理信息服务机制,要处理好版权运用和信息公开的关系,版权是手段,信息公开是目的。通过运用知识共享协议等开放内容授权模式,支持公众在线获取地质资料,允许公众在遵守协议义务的前提下自由复制、传播、改编资料,鼓励用户挖掘地质数据创作更多的新地质产品。同时,要利用版权许可的维权功能,发现地质资料被错误使用可以停止授权并追求侵权责任,以此引导地理信息使用的良性秩序。

总之,"政府信息是由公共财政支持生产的,如果政府信息缺少著作权或其他措施的保护,就无法避免私有机构将政府信息纳入版权保护的新作品后设置法律和技术手段,阻碍公众支付年费获取和再利用。为了避免发生政府和纳税人无法获取和再利用这些信息的情况,政府信息应当保留版权,并且以开放内容授权的方式授予版权"[1]。

---

① 张衡:《政府信息著作权授权制度研究——英国"开放内容授权"的实践与启示》,《情报理论与实践》2012 年第 9 期,第 43 页。

二、我国现行服务机制在版权利用方面存在的差距

我国的地理信息服务传统上是政府垄断经营,近年来逐渐走上地理信息服务产业化的发展道路。虽然我国先后出台旨在推动政府信息资源开发利用的《关于加强信息资源开发利用工作的若干意见》《关于加强信息资源开发利用工作任务分工的通知》《2006—2020年国家信息化发展战略》《中华人民共和国政府信息公开条例》等系列文件,但我国地理信息服务的整体水平有待提高,运用版权展开地理信息服务尚处于探索阶段。

第一,法律法规体系不健全。版权立法和信息立法是地理信息服务的两大关键支柱,但我国现行的立法还不足以满足地理信息的需求。我国2007年颁布的《政府信息公开条例》要求国务院办公厅、县级以上人民政府应指定一个机构负责本行政机关政府信息公开的日常工作,具体承办、维护和更新本行政机关的政府信息公开事宜;组织编制本行政机关的政府信息公开指南、政府信息公开目录和政府信息公开工作年度报告;对拟公开的政府信息进行保密审查,和政府信息公开有关的其他职责。条例没有对信息公开负责机构的名称、设置等进行统一要求,这导致实践中各地的做法不一致。由于信息公开中只要求进行保密审查,但按照我国《著作权法》规定,除国家机关的决议、决定、命令和其他具有立法、行政、司法性质的文件,及官方正式译

本不属于著作权法保护客体外,以政府名义发布的工作报告、年度计划等政府作品仍可获得版权保护,在向社会公开后可要求使用者保留版权信息。但由于立法的缺失,政府信息的版权审核、许可使用还处于空白。

我国《著作权法》在原则上规定了具有独创性的地质资料可受到版权保护,但地质资料版权事实上并没有得到实际应用。目前提供地理信息服务的主要网站,如全国地质资料馆、全国地理信息网等都查询不到地质资料版权的相关信息。要将地质资料版权运用到地理信息服务中,需要结合我国地勘行业的实际情况,解决地理信息服务中的版权许可、收费标准、版权标志、产品售后等各个环节的具体问题,而这些环节在我国的现行法律制度中尚无专门规范,导致我国地勘管理部门"无法可依",地理信息服务中的版权运用很难推行。

第二,缺少专门的版权许可机构。国土资源部、各级国土资源主管部门是地理信息服务的责任主体,但目前这些机构还没有专门的版权管理机构,缺少统一的版权许可的格式、证书、标准等,影响了地理信息的服务水平和效率。

第三,服务方式相对滞后。我国的地理信息服务以提供借阅、复制等传统业务为主,需要用户亲自到档案馆,以书面形式提出申请。除北京、上海、天津等地理信息服务的试点城市外,大部分地质资料网站都不同程度存在内容、数量方面的缺陷。全国地质资料馆作为我国地理信息服务的中央级网站,所公布的地质资料也不能实现全部在线浏览,部分资料仅提供目录信息,需提出申请后才能查看。地理信息服务不能实现在线服务,大大增加了再利用者开发地理信息的成本,削减了用户使用地理信息的热情。

三、完善地质资料版权利用的建议

(一)完善地理信息服务版权运用的法律基础

版权法和信息自由是地理信息服务的两个基础性法律平台。我国《著作权法》《地质资料管理条例》等法律规范虽给予地质资料版权保护,但缺少地质资料版权的具体规定。虽然地质资料的版权运用可参照《著作权法》的一般性规定,但一般性规范在操作性、针对性方面毕竟有所欠缺,而且由于地质资料的创作、运用涉及国家秘密、商业利益等多种特殊问题,不能全依赖《著作权法》来解决。目前,可结合地理信息服务需求、地质资料管理机构的实际情况,重点解决地质资料汇交前后的版权归属,地质资料版权许可使用的方式、权利义务分配等核心问题,理顺地理信息服务中地勘单位、服务机构、社会公众的法律关系,为地理信息服务构建起基础的权利平台。

信息自由法确定地理信息服务的制度目标,在授予地质资料版权后,要通过信息自由立法解决地理信息服务的原则、定价、救济等问题,要使版权成为地理信息服务公开自由的有利手段,而不是阻碍。建议参照英国、欧盟的做法,以地理信息再利用为中心,出台地理信息再利用的指令或规则,就地理信息再利用的版权许可方式、收费原则、地理信息透明程度等做出具体规定，为地理信息再利用的公开、透明提供政策支持。

（二）成立专门的信息服务版权机构

根据自身信息市场需求状况，在条件成熟时构建类似英国的公共部门信息办公室的组织机构，如依托国家档案局或国家信息中心等机构成立公共部门信息再利用办公室，处理再利用过程中的版权许可等一系列问题。建立国家统一的再利用许可证系统，调整许可方式和流程，优先采用网络在线点击许可模式，建立简单、透明、快捷的许可机制，确保地理信息再利用的高效实施。

（三）制定开放的版权许可协议

保留地质资料版权后，地理信息服务机构向用户提供地质资料，允许用户地质资料复制、下载、修改地质资料的行为涉及版权许可。为了协调地理信息专有和地理信息公开共享的矛盾，采用知识产权开放共享协议为许可方式是最佳选择。CC协议的原理是在承认著作权的基础上，通过作者放弃部分著作权，同时要求公众承担必要的保护著作权义务，来强制平衡作者和使用者的利益，保护公众自由利用信息的权利。相对于传统的版权许可使用，CC协议免除了公众专门获得版权许可的步骤，通过采用"点击—许可"的方式，作者在作品申明中说明基于CC协议默示用户获得版权许可，并注明用户的义务，用户点击"许可"后视为许可生效,大大提高了版权许可的效率。同时,因为 CC 协议以开放共享为原则,能促进更广泛的地理信息增值运用。

第一,除国家秘密、商业秘密等原因进行版权保留外,其余地质资料可以自由公开为原则,有条件的放弃版权中的部分经济权利,地质资料版权人主动放弃或使用人免费享有的权利主要有:①复制、传播、表演地质资料的权利;②将地质资料进行商业目的利用的权利;③制作衍生地质资料的权利;④利用原本处于公共领域的地质资料元素的权利。

第二,CC 协议分享地质资料的前提是尊重地质资料版权人的权利,而不是随意剥夺甚至将地质资料变为公有信息。地质资料版权人仍享有版权处分权,可与使用人单独协商以确定版权许可范围,使用人在获得独占版权许可后,之前通过 CC 协议取得的权利相应被修改或废止。

第三,使用人使用 CC 协议中被放弃的版权权项时,应注意:①不得损害地质资料版权人的精神权利;②保证公正合理的使用地质资料;③不损害相关人员的合法权益;④在对地质资料再利用或发行时,应遵守相应的义务条款。

(四) 收费政策

英国、澳大利亚和美国分别代表了地理信息服务定价的两种模式。美国实行"免费+边际成本"的定价方式,因为地理信息是公民共有财产,纳税人原则上已经通过税收支付了地质资料的创作成本,所以有权无偿获得地理信息服务。美国 USGS

的地质资料产品价格很低,用户只需支付复制和发行的边际成本即可。英国、澳大利亚的定价是全部成本收回的方式。其中,英国 BGS 和英国陆军测量局(OS)的做法又不一致,BGS 的服务相较于 OS 更倾向于传统。OS 使用 CC3.0 协议提供版权许可,允许用户自由下载、复制、改编地质资料,采用商业化运作模式,由产品终端用户支付费用来回收创作成本,而不是通过税收(国家财政)。BGS 使用的是传统的版权许可,根据商业性使用和非商业性使用制定了非常详细的收费标准。BGS 在回收成本外,还可有部分创收。澳大利亚地球科学部也采用商业模式运营,除免费服务外,制定的地球科学产品详细列举了提供的产品类型和收费标准,对投资做全成本回收,但不支持盈利。除这两种方式外,也有部分国家实行部分生产成本回收的定价政策,如加拿大。加拿大的定价基础采用美国方式,即生产地质资料的投资成本由国家公共财政支持,用户基于纳税获得阅读地质资料、了解地理信息的权利。但用户如要挖掘地质数据、利用地理信息,要求政府提供超越普通公众的额外服务,就需支付相应费用。从地质资料生产地图信息“第一拷贝”的费用由公共财政拨款支付,而进一步的复制、发行和销售费用则通过用户收费来回收。① 我国的地理信息服务定价选择何种模式,要结合我国地理信息的投资环境、税收政策和发展定位来确定。笔者建议以全部成本回收为定价原则。

---

① 参见陈雅芝:《欧盟地理信息再利用的有效实践与启示》,《情报资料工作》2010 年第 6 期,第 56 页。

从我国地理信息产业的发展定位看,地理信息服务分为公益性和商业性两个方向,隶属于国土资源系统的地质资料管理机构程度公益性地理信息服务,天地图等商业机构提供商业性的地理信息服务,地质资料管理机构原则上不参与商业经营,不得干扰地理信息产业的市场竞争。从地质资料馆藏机构的公益性服务定位看,我国地理信息服务定价以收回成本为上限。

美国的边际成本定价是以政府全额投资地质资料创作为前提,通过完善的税收系统来保障,我国目前的税收征管体系、投资能力还不能达到。成本回收的方式有利于弥补地质资料投资,激励地质资料创作,提高服务质量。但全额成本回收作为一种商业运作方式,对一般用户来讲有不公平的嫌疑,因为地质资料毕竟有公共投资,具有一定的公益性。相比较而言,部分成本回收较好地兼顾了公益性和商业性,地质资料的受益最大群体通过付费方式收回部分成本,一般性使用不承担费用。但这种方式对产品定价要求较高,有可能导致成本回收的效果不理想。因此,我国目前可选择全成本回收定价,待资金条件、税收环境成熟后,再逐步向部分成本、边际成本定价过渡。

第二节　地质资料版权利用的支撑框架

一、完善以地质资料版权为对象的法律体系

经过多年的发展,我国基本形成了比较全面的地质资料法

律体系。从效力层次看,我国地质资料立法涵盖法律、部门规章
与行政法规、地方性法规和地方政府规章、规范性文件等多种法
律形式,除全国人大、国务院等中央层级的立法外,各个省份都
有结合地方需求制定地质资料的相应规范,法律形式齐备。从
立法主体看,除全国人大、国务院与国土资源部、地方人大、地方
政府外,中国地质调查局、国家地理信息局作为地调系统、测绘
系统的领导单位,针对地质资料的开发利用也颁行规范性文件。
在法律内容层面,现有立法对地质资料的管理主体、汇交、服务
方式、法律责任等均有涉及,为地理信息服务中政府机构的职
能、服务方式、权利义务提供了法律依据。近年来发布的地理信
息数据标准格式,为地理信息服务统一了技术标准,为地理信息
服务的标准化提供了法律依据。尽管如此,现行法律体系还称
不上完美,和地理信息服务所需法律体系仍然存在差距。

建立以地质资料版权为基础的地理信息服务机制,法律体
系需要完成的工作至少有以下几点:

第一,统一基础概念。概念是法律体系的基础,科学统一的
概念是构筑健全法律体系的基本条件之一,地质资料版权体系
亦不例外。现行与地质资料有关的立法中,地质资料、测绘成
果、地理信息数据、国土资源数据等概念都有出现,这些概念在
不同立法主体、不同法律文件中都有可能成为版权保护对象。
可以说,关于地理信息服务机制中,版权保护的对象并没有形成
统一认识。这也是造成实践中地质资料版权制度推行困难的原
因之一。

地质资料和地理信息数据、国土资源数据是形式和内容的关系,地质资料是表达地理信息数据的物质载体。在确立地质资料版权保护对象的问题上,必须坚持思想表达二分法,遵循版权只保护表达而不延及思想、过程、原理、数学概念、操作方法等思想范畴。地质资料版权保护的直接对象是地质资料,地质资料创作者在绘制地质资料的过程中投入的个性智力劳动,赋予地质资料独创性,形成地质资料版权。作为版权的制度功能,地质资料创作者获得地质资料表达的垄断权、专有权,由此获得地质资料所表达的地理信息内容的独占权。对于地理信息数据、国土资源数据而言,这些数据并不是版权保护的直接对象,数据本身不是版权客体,不能成为版权意义上的作品。地质资料版权法律体系的概念基础,应当是地质资料,而非地理信息数据。

第二,协调法律效力冲突。现行的地质资料立法涉及立法、行政法规、部门规章等多个层次,但各个层次之间的法律规范在权利类型、保护模式等方面没有形成统一认识,下位法和上位法的效力冲突情况比较明显。我国地质勘查整体上分为国土测绘和地理信息测绘两大系统,两大系统的立法活动相互独立,两大系统在立法基本概念还尚不能达成一致,国土测绘系统使用地质资料,地理信息测绘系统倾向于使用地质勘查成果、地理数据,更遑论其他立法沟通。两大系统的立法成果是我国地质资料法律体系的主要成分,相互独立的立法活动影响我国地质资料法律体系的内容协调。

在地质资料法律体系中,要注意法律内容的协调性建设。

明确以地质资料的版权保护模式为基础,建立各个系统间的立法沟通机制,协调好同一层次立法主体的立法工作。各个层次的法律规范要严格执行上位法优先下位法,下位法不得与上位法冲突的基本原则。

第三,理顺地质资料版权和相关权利的关系。地质资料除版权外,还涉及物权、商业秘密权、国家安全等,现行法律制度对地质资料的规范涉及物权、版权、商业秘密等多个层面,法律文件对地质资料法律保护模式的选择并不统一。①有些法律文件选择版权模式,认可地质资料是智力成果,明确规定地质资料的运用涉及著作权的,适用《著作权法》的规定,比如《地质资料管理条例》《测绘成果管理条例》《国土资源数据管理暂行办法》《基础测绘成果提供使用管理暂行办法》。②部分法律条文不规定地质资料版权,只要求按照保守国家秘密法的规定管理、利用地质资料。如《测绘法》《基础测绘条例》等。③法律文件中虽要求使用者尊重地质资料著作权,但这种类型的法律规范往往在内容中还涉及地质资料物权,对地质资料的版权运用表现出比较模糊的态度,比如《河南省测绘成果管理办法》没有规定地质资料是版权作品,在地质资料使用中,规定未经测绘成果所有权人同意,测绘成果保管单位及其工作人员不得擅自开发、利用、复制、转让或者转借所保管的测绘成果①,但这里地质资料开发、复制所涉及的是版权而不是物权,不应由测绘成果所有权人

---

① 参见《河南省测绘成果管理办法》第十四条。

行使。《辽宁省测绘成果管理规定》要求利用测绘成果编辑出版地图、建立地理信息系统和开发生产其他产品的,应当征得测绘成果权利人的同意,并在适当位置标注测绘成果权利人[①],但对测绘成果权利人究竟是物权所有人、版权作者还是其他主体却没有明确规定,对地质资料权利类型和归属缺少清晰的界定。

在确定以版权为基础建立地理信息服务机制后,版权和国家秘密权因属性、产生依据和使用方式上的差别会给地理信息服务的定位造成一定困扰。国家秘密权以控制信息流通为目的,依靠行政处罚、刑事责任等公权力惩罚为手段;而版权的性质是私权,以促进信息共享、激励信息生产为宗旨,主要通过民事方式获得救济。版权和国家秘密权在地理信息服务中代表着两种向度,需要做出平衡。安全是国家政治、经济、社会发展的基础,地质资料作为一种涉及国家战略利益的重要材料,保证地质资料的信息安全是不容置疑的首要目标,这也是我国地理信息产业政策反复强调的重点。在地质资料版权制度的构建中,要以不侵犯地理信息安全为原则。第一,版权管理有利于涉密管理。版权审核和涉密审核同步进行,在定密、标注密级的管理环节中加入版权管理环节,同时加注版权人信息、版权保护技术措施,在地质资料使用中,版权信息、版权保护技术措施为政府追踪地质资料使用情况和确保信息安全提供帮助。第二,版权管理和国家信息安全冲突时,要抑制版权保护国家安全。如地

---

① 参见《辽宁省测绘成果管理规定》第十八条。

质资料版权发表权允许作者享有按照自己意志决定是否发表、如何发表地质资料的权利,但在地质资料定密前,作者行使发表权会损害国家安全,因此地质资料发表权必须被限制。

商业秘密权和版权从不同侧面给予地质资料法律保护,呈现出一种竞争性合作的竞合关系。地质资料权利人可根据地质资料的特征选择版权保护还是商业秘密权保护。在行政法救济中,版权和商业秘密权主体可申请行政机关给予停止侵害、销毁工具、罚款等保护,版权和商业秘密权同时适用。在民事侵权赔偿中,侵犯地质资料的商业秘密依据《合同法》《反不正当竞争法》《侵权责任法》等,赔偿范围根据商业秘密的开发成本,权利人因商业秘密遭受的损失,竞争优势的丧失,合理预期的损失等确定。版权侵权则区分了直接侵权和间接侵权行为,赔偿范围分为实际损失、违法所得、法定赔偿三种形式。刑事责任中,我国《刑法》分别规定了侵犯商业秘密罪和侵犯著作权法罪,两罪的刑罚基本相同,主要包括为有期徒刑、拘役,并处或单处罚金。根据刑法原理,侵犯商业秘密罪和侵犯著作权法罪的犯罪客体各异,是两个独立罪名,侵权人违法使用地质资料的行为若同时侵犯权利主体的商业秘密权和版权,则应按照"数罪并罚"原理进行量刑处罚。在刑事责任中,地质资料版权和商业秘密权的救济方式可以叠加。

地质资料的商业秘密保护和版权保护要相互尊重,协调好商业利益和公共利益的关系。地质资料的创作环境已经从国家单一投资变为国家资本和民间资本结合的多元投资模式,地质资料的利用方式也从早期的单纯满足政府基础设施建设、救灾等公共需求,走向以满足产业利益需求为主、兼顾行政需求的道路,因此,地质资料信息服务需要在满足行政需求和公众地理信息共享的同时,做好商业利益保护和地质资料的版权保护的工作。通过合理运用地质资料的版权机制,平衡投资人商业利益和社会公共利益的关系,其中之一是汇交资料版权和投资人商业秘密权要相互尊重。汇交后涉及商业秘密的享有保护期,最长十年。商业投资单独的汇交协议中注明政府义务。对于汇交后的地质资料还能否满足秘密性,是否可以享受商业秘密保护?从原理上看,地质资料在当事人控制下处于秘密状态,权利人主观上有保护信息不泄露的动机,客观上采取可行的保密措施。汇交后的地质资料,馆藏机构要根据地质资料涉密登记采取相应保密措施,涉密资料只向用户提供目录,接触涉密资料的用户需经过身份、资质等审核。即使不涉密地质资料,如处于保护期内,汇交人仍有权要求馆藏机构只能向第三方提供目录,不得透露地质资料内容。用户申请接触、使用保护期的资料,需取得汇交人同意。但在保护期满后,地质资料汇交人便不得阻碍地质资料馆藏机构的公开,地质资料因丧失保密性而不能再受到商业秘密权保护。按照我国现行地质资料保护期规定,地质资料的商业秘密权最长为十年。在此期间,地质资料馆藏机构虽然基于汇交取得地质资料版权,但从商业利益保护角度出发,还需尊重地质资料的保密性,地质资料的商业秘密权优先于版权,特别是优先于版权的发表权、公开权。

二、完善支撑地质资料版权产业的知识产权法律体系

（一）地理信息服务机制是国家版权产业的组成部分

我国有学者认为,版权产业是指从事的生产经营活动与享有的版权的作品有关,并直接或间接受版权法律规范,主要包括与复制、发行、传播文学、艺术和科学作品有关的行业以及收集、存储与提供信息的信息产业。① 世界知识产权组织在《版权相关产业经济贡献调查指南》中,将版权产业分为核心版权产业、相互依存和版权产业、部分版权产业和非专用支持产业。核心版权产业是指专门或者全部从事版权作品的创造、生产,或者发行与销售作品和其他版权保护内容的产业。② 地理信息服务机制是地质资料的创作、使用、管理的创新机制,它的运作基础正是地质资料版权。就其本质,地理信息服务机制是我国版权产业的组成部分,而且是核心版权产业。

作为核心版权产业的地理信息服务机制,与传统版权产业、非核心版权产业相比,表现出新兴产业的特征。①地理信息服务机制的版权运用和高新技术的融合更加紧密。传统的地理信息服务以纸质载体为主,而地理信息服务机制则主要在互联网

---

① 参见张梅:《版权产业与版权保护》,《学术论坛》2006年第3期,第12页。

② 参见宋慧献:《"版权产业"实证研究的基础框架——WIPO〈版权产业的经济贡献调查指南〉解读》,http://www.fengxiaoqingip.com/ipteseluntan/luntan2/lt2xietiao/xt-zonglun/20061226/940.html。

空间,地质资料的传播、运用更多依赖信息技术和数字技术,以数字技术平台为主,在地质资料作品的创作和传播中需要运用相关的数字音频、视频、计算机软件、多媒体、网络技术、移动通讯、三网融合等多种技术手段。地理信息服务机制的版权产业也是在高新技术支持下的高新产业。②地理信息服务机制的版权产业范围更多扩大。传统的地理信息服务可形成的版权以图书出版、地图出版为主,而现代的地理信息服务机制借助高新技术可形成范围更大、内容更广的产业链条,涵盖了知识密集和技术密集的版权产业形态,如数字内容、计算机软件等。③地理信息服务机制对国家版权法律和版权政策的依赖度更高。传统的地理信息服务以国家秘密法为主,强调地质资料的信息安全。而地理信息服务的信息化产业化则提出开发地质资料的财产价值,通过促进地质资料共享来提高地理信息的生产、利用效率。地理信息的生产、传播、消费等环节都以地质资料版权为基础,地质资料版权是整个产业的核心生产资料。核心版权产业和非核心版权产业的区别之一,正是核心版权产业的发展对版权制度的依赖程度更高。地质资料版权产业需要相关法律制度和政策体系建设,来为地质资料创作、传播提供保障。④地理信息服务机制中,地质版权产业的侵害风险在加大。传统地理信息服务以实物形态为主,地质资料作品的传播较易控制。而在互联网平台下,地质资料作品呈现出载体数字化和传播渠道多元化的特征,网络销售、网络传播、在线浏览等方式极大扩大了版权消费的群体,但也增加了版权作品在传播中的不可控性。

基于版权的地理信息服务机制是新兴核心版权产业的组成部分。从他国版权产业的发展看,重视版权法律制度建设,形成健全完善的版权法律体系是推动版权产业发展的共同经验。地理信息服务机制的版权战略,根本上离不开国家版权法律制度的整体建设。国家版权法律制度完善,为地理信息服务机制的建立具有重要的保障作用。

(二) 加强互联网领域的知识产权保护

地理信息服务机制以互联网为工作空间,互联网领域的知识产权保护程度最终决定地理信息服务的状况。2015 年 3 月,李克强总理在十二届全国人大三次会议上的政府工作报告中首次提出"互联网+"行动计划,提出充分借助互联网、移动互联网、云计算、大数据、物联网等信息平台,将互联网和现代制造业结合,促进电子商务、互联网金融健康发展,培育和推动互联网企业走向国际市场。为推动和保障"互联网+"计划,我国近年来的知识产权立法作出积极工作,包括国家法制办在 2013 年修订了《信息网络传播权保护条例》中行政罚款数额的规定,将第十八条、第十九条中的"并可处以 10 万元以下的罚款"修改为:"非法经营额 5 万元以上的,可处非法经营额 1 倍以上 5 倍以下的罚款;没有非法经营额或者非法经营额 5 万元以下的,根据情节轻重,可处 25 万元以下的罚款"。最高人民法院 2012 年发布《关于审理侵害信息网络传播权民事纠纷案件适用若干问题的规定》,《规定》以《民法通则》《著作权法》《侵权责任法》为依据,对计算机、电视机、固定电话机、移动电话机等电子设备为终端的计算机互联网、广播电视网、固定通信网、移动通信网等信息网络,以及向公众开放的局域网络中的信息传播权进行了规范。除这两部专门法规、司法解释性规范性文件外,修订的《专利法》《商标法》《著作权法》也适用于互联网领域。

但这些立法工作和互联网发展的需求相比,仍有不足。比如不能有效遏制网络侵权行为。"同样是门户网站,中美两国知识产权保护的环境不一样,呈现出两种不同的模式。我国门户网站用极低成本、依靠传统媒体廉价的内容获得超额利润,取得超常发展。这种景象只有在知识产权保护不完善的时候才会出现。从门户网站到网络游戏到电子商务到网络视频,每一个新的技术新的应用都有知识产权保护不力'痼疾'的阴影。"①知识产权在规范互联网竞争行为方面的立法不足。知识产权制度在推动新业态方面的作用不够突出。互联网技术革新速度明显高于传统技术,这对知识产权立法的前瞻性和时效性是一大挑战。但技术革新是互联网新业态的发展动力,只要保护好新技术才能成为互联网新业态的核心竞争力。而我国现有立法在这方面投入的精力还不够。"在互联网时代,必须要以发展的眼光来看待和分析知识产权边界,其会随着与互联网的融合而衍生多种新类型的知识产权。由知识产权与互联网结合而衍生的这些新类型的网络知识产权已经从边缘渐入主流,并拥有广

---

① 彭波:《加强知识产权保护迎接中国互联网大发展大繁荣》,《中国版权》2006年第6期,第48页。

阔的发展空间。"①

我国互联网领域知识产权保护工作还在不断完善推进,地理信息服务机制的建立健全,首先需要关注互联网知识产权立法和加大惩罚力度的问题。要转变互联网领域的知识产权立法思路,从等待问题出现后再想办法解决的消极立法策略转向主动研究问题、提前发现问题并设计好解决方案的积极立法策略。在《著作权法》《专利法》《商标法》等知识产权基本法新一轮的修订中,主动增加互联网方面的法律规范,使这些基本法能适应互联网知识产权保护的需求。完善《反不正当竞争法》《反垄断法》等相关法律中关于信息产业、互联网企业的知识产权内容,规范虚拟空间中的知识产权行为。其次,积极发挥司法解释、司法解释性规范性文件的作用,提高互联网知识产权立法效率。技术革新是互联网新业态的竞争力,只有不断创新才能生存发展。对于传统的知识产权立法工作而言,为保障法律文本的准确性,往往需要耗费一到三年的立法时间成本。如果我们仍采用传统立法思路,便不能完全满足互联网领域的知识产权解纷需求。最后,以《反不正当竞争法》《反垄断法》为基础,规范互联网竞争行为,推动建立良性互联网生态环境。对现有《反不正当竞争法》的不正当竞争行为、《反垄断法》中的滥用市场地位行为进行扩张性解释,或是明确增加互联网中的行为类型,清

① 《互联网时代知识产权保护的新探索》,《光明日报》,http://www.sipo.gov.cn/mtjj/2015/201504/t20150403_1096809.html。

晰界定互联网竞争行为的正当性认定标准。加强和相关部门的合作,借鉴现有立法成果。比如互联网竞争行为的认定,工业和信息化部在 2012 年施行的《规范互联网信息服务市场秩序若干规定》,其内容对互联网不正当竞争行为、滥用市场支配行为的认定有很好的借鉴作用。

知识产权侵权案件居高不下的状况,虽然有知识产权数量增长的因素,但也有我国现行知识产权制度违法成本偏低的原因。现行知识产权制度按照"损害填平原理"设计的侵权赔偿方法,不能实质性保护知识产权权利人的合法利益。有统计数据显示,即便是 2008 年《专利法》将法定赔偿额上升到 100 万元后,仍然不能解决专利侵权赔偿数额过低的问题。自 2008 年到 2012 年,侵权专利权法定赔偿的平均数额只有 8 万元,仅相当于权利人平均索赔额的三分之一甚至更低,甚至低于专利权人的专利申请和维持费用。① 国内学者对知识产权制度引进和实施惩罚性赔偿达成主流共识。"由于知识产权调整对象的无体性,赔偿是知识产权侵权责任的主要承担方式。合理确定赔偿的原则和计算方式对于赔偿功能的实现具有决定性意义。现行填平性赔偿无法充分补偿权利人和威慑侵权人。惩罚性赔偿的引入是必须的也是可行的。"②2013 年 8 月施行的《商标法》首次在知识产权制度中引入"恶意侵权"概念,恶意侵犯商标专用

---

① 参见《97%专利侵权案判决采取法定赔偿》,《中国法院报》,http://www.ip.tal-ents.com/Html/NewsView.asp。

② 罗莉:《论惩罚性赔偿在知识产权法中的引进及实施》,《法学》2014 年第 4 期,第 22 页。

权,情节严重的,可以将损害赔偿数额增加一倍以上三倍以下,同时将法定赔偿上限提高到 300 万元,标志着惩罚性赔偿正式进入知识产权。继商标法之后,国家版权局公布的著作权法修订稿、国家知识产权局公布的专利法修改稿也都提出引入惩罚性赔偿,通过提高赔偿上限,加大惩罚力度,提高知识产权保护力度。

刑事责任是追究知识产权侵权行为的最严厉责任形式,刑法对知识产权侵权行为的责任认定和处罚,代表了一个国家对知识产权的重视程度和保护决心。

虽然我国现行刑法对知识产权犯罪的认定门槛已经有所降低,但还存在犯罪构成、罪刑结构不合理等问题,刑法对知识产权犯罪行为的认定、罪刑结构等方面有待完善。现行刑法要求侵犯知识产权犯罪必须是以营利为目的的故意犯罪,使得一些具有严重破坏性的知识产权侵权行为不能纳入刑事制裁的范围。而现行刑法只设置了侵犯商标权、专利权、著作权和商业秘密罪,对于植物新品种、地理标志等知识产权类型没有相应罪名,导致这一类型的知识产权侵权行为难以被追究刑事责任。现行刑法的罪刑配置大致分为两个层次,一是符合基本犯罪构成的,处以 3 年以下有期徒刑或者拘役,并处或者单处罚金;二是符合加重犯罪构成的,处以 3 年以上 7 年以下有期徒刑,并处罚金。① 现行刑法责任以短期自由刑和罚金为核心,但处罚力

① 参见王敏敏:《知识产权的刑事立法完善》,《中国检察官》2012 年第 8 期,第 47 页。

度属于经济犯罪中较弱的类型。比如生产、销售伪劣商品罪和侵犯知识产权罪有交集,但生产、销售伪劣商品罪的加重犯罪构成可处十五年有期徒刑或者无期徒刑,并处销售金额百分之五十以上二倍以下罚金或者没收财产,相较于侵犯知识产权罪的加重情节无疑严格许多。

降低知识产权犯罪行为的认定门槛,不仅对提高国内知识产权保护力度有重大意义,对于我国知识产权保护高度达到世界先进水平也同样重要。2007年,以美国为首的发达国家启动了旨在建立知识产权执法新的全球黄金标准的《反贸易协定》(简称 ACTA),该协定第二章"知识产权执法的法律框架"中专门规定了"刑事执法",降低了《与贸易有关的知识产权协定》(简称 TRIPS)中关于知识产权犯罪的认定标准。按照 TRIPS 规定,知识产权侵权行为应该是"故意的",且具有"商业规模"。而 ACTA 对 TRISPS 的规定进行了衍生和细化,大大降低了 TRIPS 的认定标准,包括:只要求侵权行为是商业的,而不再有侵权行为达到一定"规模的"要求;对扣押、销毁侵权商品等执法措施做出了强制要求;增加了新的刑事制裁内容。总体而言,ACTA 将知识产权犯罪的追究门槛降低到"具有明显故意"的"为了商业利益或个人获利"的侵权。① 目前,接纳 ACTA 的大多是以美国为代表的知识产权发达国家,它们对于知识产权积极且严格的保护思路,值得我们深思与借鉴。

----

① 参见张伟君:《知识产权刑事保护门槛,从 TRIPS 到 ACTA》,《电子知识产权》2011 年第 8 期,第 26—29 页。

三、加强地勘行业版权从业人员队伍建设

（一）政府积极发挥引导作用

政府是人才建设的主导力量。国土资源部和各地方地质资料管理部门出台政策，建立地质勘查、地质资料管理行业的人才建设工程，吸引信息工程、知识产权法学、公共信息管理等行业的专业人才进入地质资料管理队伍。地质资料版权能否在地理信息服务产业发挥有效推动力，关键是地质资料管理部门、地质资料馆藏机构是否具有相应的人才储备。

地理信息服务的关键是人的信息化，地质资料版权利用的顺利开展，关键也在人的法治化。地理信息服务机制中的版权利用，对从业人员提出信息化和法治化两个维度的要求。首先是信息化。地理信息服务以网络空间为平台，从业人员和传统服务的工作人员相比，在素质层面的要求有所不同。地理信息服务机制的人才必须具备信息能力。所谓信息能力，包括信息意识、信息检索能力、信息加工和利用能力等。从业人员要熟悉地理信息在网络空间的传播规律，适应网络空间的生存法则，具备网络道德、保密、守法等网络规则意识。从业人员还需具有地理信息内容的处理能力，如对地理信息数字载体的标引、排序、存贮，对地理信息的鉴别、选择、交流和再加工的能力等。其次，从业人员具有以版权为重点的知识产权法学素质。从业人员知晓知识产权基本原理，熟悉网络版权、版权合理使用、许可使用

等基本规则,能够运用版权知识处理地理信息服务的工作问题。

地质资料馆藏机构在人力资源管理层面重视工作人员的版权素质培育,对现有人员开展多种形式的版权法律知识普及教育,通过科学的人力资源管理,吸引更多的具有信息知识和法律知识的复合型人才进入地理信息服务队伍。在馆藏机构内部,可尝试建立专门的版权管理办公室、设置主管职务,组织结构上保障地理信息服务版权利用工作有专职负责。其实,信息主管(Chief Information Officer-CIO)是目前国内外信息产业比较普及的一个职务,信息主管在政府机构中的主要任务是负责本部门的信息开发、管理和安全维护,通常具有较高行政级别;信息企业的主管大多属于管理高层,职能涉及负责企业信息系统的建设与宏观管理,制定企业的信息政策,开展信息资源开发与利用方面的教育与培训工作等。我国现行的地质资料馆藏机构性质多样,但并不妨碍机构内部设立 CIO,专职负责地理信息服务的版权管理、利用工作。

(二)提高从业人员版权意识和法治意识

项目曾走访调研了国土资源管理部门、地质测绘单位等多家单位,结果显示,当前无论是我国地质资料管理部门,还是地勘单位、地质资料用户对地质资料的版权地位都没有明确认识。造成地质资料版权保护法律意识缺失,在行业内部而言,首先是地质资料版权保护基本处于"无法可依"的状态。其次是当前的地勘多采用项目合同形式,地勘单位和工作人员往往根据朴素的法律观点得出结论,既然是按照他人要求完成的成果,这成果"理所当然"地属于他人所有。传统契约理念使得地勘行业将地质资料物权和版权混同,加之版权制度的缺失,地质资料的版权意识十分缺乏。但调研结果同时显示,在了解了地质资料版权保护的目的与意义后,绝大多数的调研对象对地质资料版权表示出兴趣,对规范地质资料产权来推动地质资料共享表示赞同。这部分群体是地理信息服务机制的创作和管理主体,知识产权文化培育首先要加大行业内部人员的版权知识教育,提高行业知识产权意识。

(三) 培育地勘行业知识产权中介服务机制

我国地理信息服务的发展前景是综合政府、社会机构等多方主体的法治化、类型化体系,该体系具有相当程度的多元性,利益诉求从单一的信息安全转向以安全为基础的效率和共享,价值评价体系也经历更新蜕变,这决定地质资料版权法律制度的法治环境不能继续依靠意识形态和组织一体化的传统方式来实现,而需要从头理顺社会关系。现代社会中,中介机制是多元社会结构形成共识并发挥影响力的重要形式。"具有共识的组成部分依靠中介组织整合在一起,形成稳定而广泛的社会阶层。社会阶层不再采用单个的利益诉求和政治参与方式,而是依托中介组织进行活动。这样一种社会活动机制可称为中介机制"①。我国《国家知

---

① 季卫东:《宪政新论》,北京大学出版社 2001 年版,第 171 页。

识产权战略实施纲要》曾多次提到知识产权社会中介机制,提出要充分发挥知识产权技术市场作用,积极培育知识产权交易市场,建立信息畅通、交易活跃、秩序良好的交易体系,做好知识产权评估、咨询等服务工作,促进知识产权流动和转移。

目前我国地勘行业的知识产权服务机构并不多见,地理信息服务机制的完善,离不开知识产权中介服务机构的建设。地质资料版权战略的实施,离不开国家层面对知识产权中介机制的培育,除了进一步支持知识产权代理、咨询、评估、诉讼等各类中介服务机构建设,鼓励其向专业化、规范化、市场化方向发展外,也要加强对知识产权中介机构的监督和管理,规范从业行为,引导建立科学合理的管理制度,提升服务功能。

加快中介机制建设,人才培养是关键。有能力充当地质资料版权法律制度中介机制的专门人才,应具备三个基本特征:第一,接受过系统全面的专业教育,在地质学、法学、能源学等方面形成共同的专业知识体系,能够熟练运用知识产权的知识提供专业服务。第二,具有良好的知识产权理念和思维模式。地质资料版权是科技、经济、法律等众多社会因素融合一体的无形财产权,中介机制的从业者必须抛弃售卖机式的被动工作方式,以改革者的姿态积极主动地参与地质资料版权制度的构建与完善。第三,应是具有良好社会责任感和民主法律意识的现代公民。中介机制的社会功能在于其搭建了足以和国家抗衡的社会阶层,有能力在国家决策中发表意见并受到重视,从而保证国家决策的民主性。

主要参考文献

一、文献类

[1]全国地质资料馆编:《地质资料信息服务集群化产业化专题研究子课题——地质资料信息服务集群化产业化工作基础调查研究报告》,地质出版社 2010 年版。

[2]中国地质学会 2000 年中国地质研究会编著:《21 世纪初中国地质工作改革与发展》,地质出版社 2003 年版。

[3]中华人民共和国国土资源部编:《中国矿产资源报告 2014》,地质出版社 2014 年版。

[4]中华人民共和国国土资源部编:《中国矿产资源报告 2015》,地质出版社 2015 年版。

[5]中华人民共和国国土资源部编:《中国矿产资源报告 2016》,地质出版社 2016 年版。

[6]中华人民共和国国土资源部编:《中国矿产资源报告 2017》,地质出版社 2017 年版。

[7]国土资源部地质勘查司编:《各国矿业法选编》,大地出版社 2005 年版。

[8]许大纯:《在全国地质资料信息服务集群化产业化工作座谈会上的讲话》。

[9]《习近平总书记主持召开中央全面深化改革领导小组第二次会议的

讲话》。

[10]朱苏力:《经济新常态下的法治寓意》。

[11]胡开忠、赵加兵:《英国版权例外制度的最新修订及启示》,2015 年 7
月 8 日。

[12]宋慧献:《"版权产业"实证研究的基础框架——WIPO〈版权产业的
经济贡献调查指南〉解》,2015 年 4 月 12 日。

二、著作类

[1]付剑晶:《遥感软件知识产权与数字遥感影像版权保护》,浙江大学出
版社 2012 年版。

[2][澳]布拉德·谢尔曼、[英]莱昂内尔·本特利:《现代知识产权法的
演进——1760—1911 英国的历程》,北京大学出版社 2006 年版。

[3]朱谢群:《我国知识产权发展战略与实施的法律问题研究》,中国人民
大学出版社 2008 年版。

[4]王智斌:《行政特许的私法分析》,北京大学出版社 2008 年版。

[5]胡长清:《中国民法总论》,中国政法大学出版社 1997 年版。

[6]王涌:《私权的分析与建构》,中国政法大学出版社 1999 年版。

[7][美]理查德·A.波斯纳:《法律的经济分析(上)》,中国大百科全书
出版社 1997 年版。

[8]余秀娟:《论地质资料的法律属性》,中国地质大学出版社 2011 年版。

[9]吴汉东:《知识产权基本问题研究》,中国人民大学出版社 2005 年版。

[10]朱谢群:《我国知识产权发展战略与实施的法律问题研究》,中国人
民大学出版社 2008 年版。

[11]郭禾:《知识产权法案例分析》,中国人民大学出版社 2000 年版。

[12]邬焜:《信息哲学》,商务印书馆 2000 年版。

[13]王迁:《著作权法》,北京大学出版社 2006 年版。

[14]王东君:《数字版权管理的法律限制问题研究》,武汉大学出版社
2011 年版。

[15]楼红英:《全国地质资料馆地质资料服务社会化现状及对策研究》,
中国科技大学出版社 2011 年版。

[16]梁慧星:《讨论合同法草案征求意见稿专家会上的争论》,《法学前

沿:第 2 辑》,法律出版社 1998 年版。

[17]北川善太郎:《关于最近之未来的法律模型》,法律出版社 1997年版。

[18]袁慧香:《地质资料业务管理信息系统项目需求管理的过程与分析》,中国地质大学出版社 2014 年版。

[19]赵相林、曹俊:《国际产品责任法》,中国政法大学出版社 2000 年版。

[20]王文君、林峰田:《地理资讯系统资料错误之法律责任分析——台湾相关法制之检视》,第七届海峡两岸城市地理资讯系统学术会议论坛,2004年版。

[21]季卫东:《宪政新论》,北京大学出版社 2001 年版。

[22]黄名述、李建勋:《合同法案例理论与实务》,中国政法大学出版社2013 年版。

[23]曲天明、王国柱:《合同法》,浙江大学出版社 2010 年版。

[24]马晓燕:《合同法原理》,安徽人民出版社 2007 年版。

[25]贾邦俊:《合同法总论》,天津人民出版社 2001 年版。

[26]马艳平:《合同法实务》,中国经济出版社 2013 年版。

[27]王玉梅:《合同法(第 2 版)》,中国政法大学出版社 2014 年版。

[28]董佳:《论金砖四国知识产权战略》,吉林人民出版社 2012 年版。

[29]徐家力:《高新技术企业知识产权战略》,上海交通大学出版社 2012年版。

[30]刘斌斌:《知识产权——理论与战略研究》,甘肃人民出版社 2006年版。

[31]朱雪忠:《知识产权协调保护战略》,知识产权出版社 2005 年版。

[32]王芳:《知识产权战略视野下新疆传统知识法律保护研究》,兰州大学出版社 2014 年版。

[33]徐晓:《法律思维与法学理论》,吉林人民出版社 2006 年版。

[34]吕世伦:《理论法学课堂》,西安交通大学出版社 2016 年版。

[35]覃福晓、金小鹏等:《法治建设与法学理论研究部级科研项目成果》,中国民主法制出版社 2011 年版。

[36]唐初阳:《法学基础理论》,辽宁民族出版社 2003 年版。

[37]张茹、杨榆等:《数字版权管理》,北京邮电大学出版社 2008 年版。

[38]丛立宪:《网络版权问题研究》,武汉大学出版社 2007 年版。

[39]郑涵:《在私有与共享之间——对版权与表达权之争的哲学反思》,

上海交通大学出版社 2014 年版。

[40] 张立:《数字版权保护技术研发工程过程管理与质量控制》,中国书籍出版社 2016 年版。

[41] 丁立莹:《版权保护的理论与研究》,天津人民出版社 2011 年版。

[42] 陈凤兰:《版权许可基础》,中央编译出版社 2011 年版。

[43] 吕炳斌:《网络时代版权制度的变革与创新》,中国民主法制出版社 2012 年版。

[44] 吴晓:《经济学》,北京理工大学出版社 2016 年版。

[45] 高广宇:《可以量化的经济学》,经济日报出版社 2017 年版。

[46] 张金良:《过程经济学》,中国经济出版社 2014 年版。

[47] 武赫:《发展经济学概论》,北京理工大学出版社 2016 年版。

[48] 文传浩:《经济学研究方法论》,重庆大学出版社 2015 年版。

[49] 杨卫军:《经济学基础》,北京理工大学出版社 2016 年版。

[50] 邹志仁:《信息学概论》,南京大学出版社 2007 年版。

[51] 谢俊贵:《公共信息学》,湖南师范大学出版社 2004 年版。

[52] 宋其友:《土地信息学》,测绘出版社 1997 年版。

[53] 刘传良:《现代金融信息学》,农业出版社 1990 年版。

[54] 张南保:《经济信息学》,华东化工学院出版社 1990 年版。

[55] 郑瑞林:《市场信息学》,科学技术文献出版社 1992 年版。

[56] 阎小培:《信息产业与城市发展》,科学出版社 1999 年版。

[57] 严红:《信息产业概论》,武汉大学出版社 1998 年版。

[58] 曾德高:《信息化与产业发展研究》,经济日报出版社 2011 年版。

[59] 牟锐:《中国信息产业发展模式研究》,中国经济出版社 2010 年版。

[60] 忻展红:《现代信息经济与产业规制》,北京邮电大学出版社 2008 年版。

三、期刊论文类

[1] 夏英煌:《我国地质调查工作的发展与未来需求分析》,《中国国土资源经济》2007 年第 1 期。

[2] 刘丽靓:国资部《中国矿产资源报告(2015)》,《中国证券报》2015 年 12 月 22 日。

［3］肖有均:《关于地质资料的收集和整理工作》,《档案工作》1958 年第 2 期。

［4］蒋瑞雪:《地质资料信息服务产业化中的泄密风险与法律对策》,《情报杂志》2011 年第 4 期。

［5］邵厥年:《地勘基金:矿业资本市场的润滑剂》,《地质勘查导报》2008 年 2 月 14 日,第 7 期。

［6］袁文清:《美国政府信息资源的开发利用:经验和启示》,《图书馆》2009 年第 2 期。

［7］张效利:《英国政府信息资源管理市场化改革政策评析》,《档案》2011 年第 4 期。

［8］王红涛:《浅析 2014 年地理信息产业发展环境》,《中国建设信息》2015 年第 2 期。

［9］郑成思、朱谢群:《信息与知识产权》,《西南科技大学学报》2006 年第 1 期。

［10］孙璐:《知识产权对信息产权的孕育及扩展》,《知识产权》2008 年第 3 期。

［11］施云:《知识产权保护与信息产权》,《情报理论与实践》1998 年第 3 期。

［12］郑成思:《知识产权与信息产权》,《工业产权》1988 年第 3 期。

［13］阳东辉:《创设信息产权概念构建信息法体系》,《湘潭大学社会科学学报》2000 年第 8 期。

［14］蒋瑞雪:《信息产权与知识产权的比较》,《安庆师范学院学报》2008 年第 11 期。

［15］王锡锌:《政府信息公开语境中的"国家秘密"探讨》,《政治与法律》2009 年第 3 期。

［16］吴汉东:《关于知识产权私权属性的再认识——兼评"知识产权公权化"理论》,《社会科学》2005 年第 10 期。

［17］尹田:《论国家财产的物权法地位——国家财产神圣不可侵犯不写入〈物权法〉的法理依据》,《法学杂志》2006 年第 3 期。

［18］张文显:《"权利本位"的语义和意义分析——兼论社会主义法师新型的权利本位法》,《中国法学》1990 年第 4 期。

［19］郑良成:《论法治理念与法律思维》,《吉林大学社会科学学报》2005 年第 4 期。

［20］马图佐夫：《发展中的社会主义法律体系》，《苏维埃国家与法》1983年第 1 期。

［21］陈雅芝：《欧盟地理信息再利用的有效实践与启示》，《情报资料工作》2011 年第 6 期。

［22］迪莉娅：《欧盟新公共信息再利用指令研究》，《图书馆学研究》2014年第 23 期

［23］郝文江：《基于数据挖掘技术对公安犯罪分析的改进》，《吉林公安高等专科学校学报》2007 年第 3 期。

［24］赵伟：《澳大利亚地质资料信息服务现状及对我国的启示》，《中国矿业》2013 年第 7 期。

［25］朱卫红、丁辉、石小亚等：《国外地质资料信息服务的经验及其启示》，《科技情报开发与经济》2010 年第 28 期。

［26］陈美：《澳大利亚政府信息资源公共获取及启示》，《情报理论与实践》2013 年第 8 期。

［27］赵娴：《商业性地勘成果权的利益冲突与法律调整》，《中国矿业》2007 年第 2 期。

［28］於顺然：《浅谈新的地质资料汇交内容及其制度》，《江苏地质》2002年第 3 期。

［29］朱卫红、丁辉：《国外地质资料信息服务的经验及其启示》，《科技情报开发与经济》2001 年第 12 期。

［30］蔡明诚：《论著作权之原创性与创作性要件》，《台大法学论丛》第 26册，转引自李伟文：《论著作权客体之独创性》，《法学评论》2000 年第 1 期。

［31］赵锐：《作品独创性标准的反思与认知》，《知识产权》2011 年第 9 期。

［32］卢海君：《论事实作品的版权保护》，《政治与法律》2008 年第 8 期。

［33］凌宗亮：《图形作品的著作权保护及其权利边界》，《人民司法》2016年第 8 期。

［34］刘晓红：《AutoCAD 软件在矿井地质制图中的应用》，《山东煤炭科技》2014 年第 5 期。

［35］唐惠等：《计算机软件制图研究——以 GEOMAP 软件系统为例》，《电脑与信息技术》2014 年第 3 期。

［36］黄兴志、曹玉凤：《国家基本比例尺地形图著作权界定问题刍议》，《测绘软科学研究》1998 年第 4 期。

［37］唐艳力：《遥感测绘技术在测绘工作中的应用探讨》，《河南科技》2014 年第 1 期。

［38］侯印坤、税成疆：《导航电子地图的著作权保护》，《人民司法》2010 年第 3 期。

［39］邹晓红、许辉猛：《智力投入者和财力投入者分离下的著作权归属研究——评我国的委托作品、职务作品和法人作品制度》，《湖南大学学报》（社会科学版）2010 年第 2 期。

［40］刘国龙、魏芳：《数字版权管理模式探析》，《知识产权》2015 年第 4 期。

［41］王明华等：《移动网络数字内容分发的版权管理研究》，《电信科学》2005 年第 11 期。

［42］姚维保、望海军：《数字版权管理（DRM）与个人合理使用的冲突及解决途径》，《现代情报》2005 年第 1 期。

［43］刘国龙、魏芳：《数字版权管理模式探析》，《知识产权》2015 年第 4 期。

［44］朱新力：《行政合同的基本特性》，《浙江大学学报》2002 年第 2 期。

［45］杨欣：《论行政合同与民事合同的区分标准》，《行政法学研究》2003 年第 3 期。

［46］戴巍：《浅论行政合同的基本原则》，《中外企业家》2011 年第 7 期。

［47］笑侠：《契约下的行政——从行政合同本质到现代行政法功能的再解释》，《比较法研究》1997 年第 3 期。

［48］周毅：《有偿服务中的信息产品责任及法律调整》，《情报理论与实践》1995 年第 3 期。

［49］戴浩然：《论智力产品责任》，《法学》2002 年第 9 期。

［50］张衡：《政府信息著作权授权制度研究——英国"开放内容授权"的实践与启示》，《情报理论与实践》2012 年第 9 期。

［51］张梅：《版权产业与版权保护》，《学术论坛》2006 年第 3 期。

［52］徐卓斌：《知识产权司法保护状况实证分析——以 2009—2013 年上海法院审理的知识产权案件为样本》，《中国专利与商标》2015 年第 1 期。

［53］彭波：《加强知识产权保护迎接中国互联网大发展大繁荣》，《中国版权》2006 年第 6 期。

［54］罗莉：《论惩罚性赔偿在知识产权法中的引进及实施》，《法学》2014 年第 4 期。

〔55〕王敏敏:《知识产权的刑事立法完善》,《中国检察官》2012 年第 8 期。

〔56〕张伟君:《知识产权刑事保护门槛,从 TRIPS 到 ACTA》,《电子知识产权》2011 年第 8 期。

〔57〕孔昭煜、李晨阳等:《地质资料数据中心基础设施建设研究》,《中国矿业》2018 年第 4 期。

〔58〕易继明:《构建集中统一的知识产权行政管理体制》,《清华法学》2015 年第 6 期。

〔59〕易继明:《禁止权利滥用原则在知识产权领域中的适用》,《中国法学》2013 年第 4 期。

〔60〕杨文君、陆正飞:《知识产权资产、研发投入与市场反应》,《会计与经济研究》2018 年第 1 期。

〔61〕胡波:《知识产权法的形式理性》,《社会科学研究》2018 年第 1 期。

〔62〕翁润、代中强等:《知识产权保护、模仿与技术贸易》,《经济经纬》2018 年第 3 期。

〔63〕何艳:《涉公共利益知识产权投资争端解决机制的反思与重构》,《环球法律评论》2018 年第 4 期。

〔64〕吕晓岚、姚震:《适应绩效管理的地质调查成果评价研究》,《科研管理》2016 年第 S1 期。

〔65〕张明超:《美国地质调查局地质信息产品概述》,《中国矿业》2016 年第 S2 期。

〔66〕唐金荣、施俊法:《欧洲地质调查工作的发展方向及启示》,《中国矿业》2016 年第 4 期。

〔67〕陈元旭:《地质调查项目合同管理研究》,《中国矿业》2016 年第 S2 期。

〔68〕马国雄:《地质调查科技成果转化研究》,《中国矿业》2017 年第 S2 期。

〔69〕中国地质科学院:《中国地质调查局、中国地质科学院 2016 年度地质科技十大进展发布》,《地球学报》2017 年第 3 期。

〔70〕聂虹:《我国地质调查成果评价现状及思考》,《中国矿业》2017 年第 S2 期。

〔71〕刘亚静:《地质调查手机移动 GIS 设计与实现》,《测绘科学》2015 年第 9 期。

[72]李丰丹:《智能地质调查体系与架构》,《中国地质》2015年第4期。

[73]裴成发:《信息资源体系构建中的信息产权问题》,《情报理论与实践》2017年第11期。

[74]熊琦:《著作权合理使用司法认定标准释疑》,《法学》2018年第1期。

[75]王廷婷:《我国近五年著作权犯罪与司法实证研究》,《中国出版》2017年第2期。

[76]刘先林:《服务社会快速发展的地理信息产业》,《测绘科学》2017年第10期。

[77]马聪丽、薛艳丽等:《航空航天遥感测绘标准建设研究初探》,《遥感信息》2018年第3期。

[78]张永生:《遥感测绘卫星全球广域定标定位框架体系》,《测绘科学技术学报》2013年第4期。

[79]宋戈:《著作权范围的模型建构与学理界定》,《广西民族大学学报(哲学社会科学版)》2017年第3期。

[80]詹启智:《论著作权法之授权》,《科技与出版》2017年第12期。

[81]周璟、舒婵:《信息资源开发与利用研究进展:社区交互、多维计量与智能系统》,《图书情报知识》2018年第3期。

[82]党敏:《传统法治理念的时代性采纳》,《人民论坛》2017年第29期。

[83]尹奎杰:《社会主义法治理念下平衡法研究的理论视阈》,《长白学刊》2017年第2期。

[84]黄祥志:《遥感数据空间尺度分级模型与基本比例尺关系》,《遥感学报》2018年第4期。

[85]郑新民:《网络志:质化研究资料收集新方法》,《外语电化教学》2016年第4期。

四、法律法规类

[1]《全国测绘资料和测绘档案管理规定》

[2]《中央地质勘查基金(周转金)管理暂行办法》

[3]《地质资料管理条例》

[4]《国家基础地理信息数据使用条例》

[5]《中华人民共和国测绘法》

[6]《测绘成果管理条例》

[7]《遥感影像公开使用管理规定》

[8]《中华人民共和国著作权法实施条例》

[9]《中华人民共和国测绘成果管理条例》

[10]《中华人民共和国著作权法》

[11]《河南省测绘成果管理办法》

[12]《辽宁省测绘成果管理规定》

五、工作方案类

[1]国土资源部:《推进地质资料信息服务集群化产业化工作方案》,2010年。

[2]《推进地质资料信息服务集群化产业化工作方案》

[3]《国务院办公厅关于促进地理信息产业发展的意见》

责任编辑:张　立

装帧设计:姚　菲

责任校对:张　彦

图书在版编目(CIP)数据

信息服务产业背景下的地质资料版权机制研究/蒋瑞雪 著. —北京:
　人民出版社,2018.12
ISBN 978－7－01－019651－0

Ⅰ.①信…　Ⅱ.①蒋…　Ⅲ.①地质-档案资料-版权-研究-中国
　Ⅳ.①D923.414

中国版本图书馆 CIP 数据核字(2018)第 179980 号

信息服务产业背景下的地质资料版权机制研究

XINXI FUWU CHANYE BEIJING XIA DE DIZHI ZILIAO BANQUAN JIZHI YANJIU

蒋瑞雪　著

人民出版社 出版发行

(100706　北京市东城区隆福寺街 99 号)

北京新华印刷有限公司印刷　新华书店经销

2018 年 12 月第 1 版　2018 年 12 月北京第 1 次印刷
开本:710 毫米×1000 毫米 1/16　印张:16
字数:160 千字

ISBN 978－7－01－019651－0　定价:58.00 元

邮购地址 100706　北京市东城区隆福寺街 99 号
人民东方图书销售中心　电话 (010)65250042　65289539